SKANDYNAWSKI SEKRET

BERTIL MARKLUND

SKANDYNAWSKI SEKRET

10 PROSTYCH RAD, JAK ŻYĆ SZCZĘŚLIWIE I ZDROWO

Przełożyła Agata Teperek

MARGINESY

10 tips: Må bättre och lev 10 år längre

COPYRIGHT © Bertil Marklund 2016
PUBLISHED BY AGREEMENT WITH AHLANDER AGENCY

COPYRIGHT © FOR THE TRANSLATION BY Agata Teperek
COPYRIGHT © FOR THE POLISH EDITION BY Wydawnictwo Marginesy,
WARSZAWA 2017

Wstęp

Długo zastanawiałem się nad tym, jak żyć, żeby spędzić na tym świecie maksymalnie dużo czasu. Moi rodzice przez styl swojego życia narażeni byli na wiele czynników ryzyka i niestety odeszli zdecydowanie za wcześnie. Niepokoiło mnie to. Czy ich geny będą miały negatywny wpływ także na moje zdrowie i długość życia? Postanowiłem gruntownie przeanalizować, jak mogę sprawić, żeby moje życie było tak długie i szczęśliwe, jak to tylko możliwe.

Jestem doktorem nauk medycznych, specjalistą medycyny ogólnej i przez lata spotkałem niezliczoną rzeszę pacjentów. Jako lekarz i naukowiec miałem dostęp do wszystkich niezbędnych badań naukowych i, rzecz jasna, sporą wiedzę już na samym początku moich rozważań. W świecie medycyny mówimy często o czynnikach ryzyka, które prowadzą do chorób i przedwczesnej śmierci. Zacząłem myśleć nieszablonowo i zainteresowałem się profilaktyką, czyli tym, jak niewielkim wysiłkiem można poprawić swoje zdrowie, zamiast koncentrować się tylko na chorobach i śmierci. Teraz nie zajmuję się już studiowaniem czynników ryzyka, lecz czynnikami warunkującymi zdrowie, i sięgam przy tym po najnowszą wiedzę na temat tego, dlaczego niektórym ludziom udaje się cieszyć dobrą kondycją aż do późnej starości.

W badaniach znalazłem to, czego szukałem: odpowiedź na pytanie, jak zachować zdrowie i żyć długo. Naukowcy udowodnili, że jeśli chodzi o długość ludzkiego życia, udział genetyki wynosi tylko około 25 procent, pozostałe 75 procent to efekt dokonywanych przez nas wyborów. Liczby mogą się nieznacznie różnić w zależności od badania, ale wszystkie pokazują, że decydujące są nasze nawyki. Była to dla mnie stosunkowo nowa informacja i z dużą radością stwierdziłem, że to ja sam, a nie moje geny, mam wpływ na długość swojej egzystencji. To ja kształtuję swój styl życia, przez co mogę oddziaływać na własne zdrowie, a zysk z tego jest fantastyczny:

dodatkowych dziesięć – a może nawet więcej – lat. To ja decyduję o tym, jak chcę się zestarzeć – albo że nie chcę się zestarzeć.

Wiedzą o takim stylu życia, który umożliwia zdrową i długą egzystencję, chciałbym się teraz podzielić ze wszystkimi zainteresowanymi profilaktyką, wzmacnianiem organizmu oraz zatrzymywaniem procesów chorobowych i starzenia. Mam nadzieję, że ta książka, którą można potraktować jako krótki przewodnik po tym, jak żyć długo, sprawi wam sporo radości.

Po co kolejny poradnik?

Poradników o różnego rodzaju problemach zdrowotnych, zmianie stylu życia i o tym, co zrobić, żeby się lepiej czuć, jest pod dostatkiem. Kupuje je zazwyczaj ktoś, kto chce coś w swoim życiu zmienić. Często taki poradnik liczy trzysta–czterysta stron, a czasem nawet więcej. Jeśli ktoś jest naprawdę ambitny, to przeczyta go raz-dwa. Treść może być dobra i zawierać mnóstwo porad, ale mimo wszystko pojawi się problem: kiedy zbliżymy się do końca książki, z dużym prawdopodobieństwem będziemy już kompletnie wyczerpani.

Zdobyliśmy tyle wiedzy i jest ona tak rozległa, że musimy chwilę odsapnąć, zanim zaczniemy wcielać w życie kolejne rady.

Odstęp między słowem a działaniem będzie długi. A to niedobrze.

Zmiany, których chcecie dokonać od razu, najlepiej jeszcze tego samego dnia albo ewentualnie dzień później, mają większe szanse na powodzenie. Jeśli zaczynacie od myśli, że najpierw trzeba zebrać siły, a potem – za jakiś tydzień, może miesiąc – wreszcie wziąć się za siebie, to zachodzi duże ryzyko, że nigdy do żadnej zmiany nie dojdzie. Zamiast tego za jakiś czas może kupicie kolejny poradnik, mając nadzieję, że odkryjecie w nim coś łatwiejszego do zastosowania.

Ale ta książka jest inna i zaraz opowiem dlaczego.

Skandynawska perspektywa

Kraje skandynawskie znane są z prostoty i umiaru.
W Szwecji mówimy *lagom*, co najlepiej przetłumaczyć jako „dokładnie tyle, ile trzeba". *Lagom* można odnieść

do wielu sytuacji – od ilości kawy, którą masz ochotę wypić, po rodzaj aktywności fizycznej, jakiej potrzebujesz. *Lagom* to przede wszystkim równowaga, szwedzka zasada umiaru. *Skandynawski sekret* przekłada tę ideę na zdrowie. Chciałbym wam pokazać, że nie musicie poszukiwać skrajnych rozwiązań, by wieść zdrowe życie. To właśnie małe i proste zmiany, powodują, że żyjemy szczęśliwiej i zdrowiej.

Nowa perspektywa

Ważne jest, żebyście odpowiedzieli sobie na pytanie, d l a c z e g o tak właściwie chcecie coś zmienić. Jeśli zrozumiecie, że da to wam szansę, żeby żyć o dziesięć lat dłużej, a poza tym cieszyć się lepszym zdrowiem, prawdopodobnie wasza motywacja wzrośnie i rzeczywiście dokonacie jakiejś zmiany. Większość ludzi chce się cieszyć długą egzystencją w zdrowiu, a założeniem tej książki jest opowiedzenie wam, jak możecie tego dokonać.

Korzystanie z wiedzy ekspertów

Wszystkie informacje i rady zawarte w tej książce opierają się na doświadczeniu i wiedzy, które zdobywałem latami, częściowo jako lekarz podstawowej opieki zdrowotnej, częściowo jako naukowiec zajmujący się medycyną ogólną i opieką zdrowotną. Przytaczane dane są też rezultatem wnikliwego zgłębiania przeze mnie literatury naukowej, wyników badań i wypowiedzi ekspertów z dziedziny zdrowia.

Nowe informacje o zapaleniach

Książka opiera się na interesujących badaniach, które pokazują, jak duże zagrożenie dla zdrowia stanowią stany zapalne w naszym organizmie. Wątkiem przewodnim tego poradnika jest więc to, jak powstają zapalenia, jakie są ich konsekwencje i jak możemy wzmocnić swój organizm, żeby się nie dać tym procesom.

Wspomaganie i zapobieganie

Moja książka pokazuje dwie odmienne perspektywy. Podam w niej propozycje różnych metod, które możecie sami zastosować, żeby się poczuć lepiej, i zaleceń zapewniających dobre zdrowie. Jednocześnie wyjaśnię, jak te środki pomagają zapobiegać różnym problemom zdrowotnym.

Zdrowie to nie jest stan niezmienny. W ciągu naszego życia występują na zmianę okresy zdrowia i choroby. Zdrowie, tak jak życie, jest złożone. Można się czuć dobrze, choć się cierpi na jakąś chorobę, z kolei osobie w pełni zdrowej fizycznie może się wydawać, że jest chora i może się źle czuć. Wprawdzie rodzimy się z pewnymi uwarunkowaniami, ale każdy z nas jest w stanie zrobić coś dla swojego zdrowia.

Pierwsza z perspektyw – koncentrująca się na podtrzymywaniu zdrowia – podkreśla wszystko, co powoduje i wspomaga to, że jesteśmy zdrowi. Takie podejście zakłada, że nie ma jednego czynnika, który gwarantowałby dobre zdrowie, lecz istnieje wiele różnych przyczyn i w dodatku współgrają one ze sobą. Stąd też dziesięć rozdziałów tej książki odpowiadających poszczególnym czynnikom mającym wpływ na nasze zdrowie. Chodzi o to, żeby w zróżnicowany sposób pobudzić drzemiące w każdym z nas siły i dzięki temu cieszyć się dłuższym i zdrowszym życiem – nie tylko dla samego zdrowia jako takiego, ale też ze względu na to, że dobry stan naszego organizmu to zasób, który pomaga nam zrealizować inne cele w życiu.

W tej publikacji udzielę wam rad, jak doprowadzić do tego, że będziecie czuli się dobrze zarówno fizycznie, jak i psychicznie. Moje wskazówki skierowane są do wszystkich. Jeśli teraz czujecie się dobrze, zastosowanie się do nich może dodatkowo wzmocnić i podtrzymać to uczucie. Jeśli akurat zmagacie się z problemami zdrowotnymi lub cierpicie na jakąś chorobę, może znajdziecie tu porady, jak wzmocnić te elementy swojego stylu życia, które pomogą wam odzyskać zdrowie albo lepiej oprzeć się postępującej chorobie.

Wiele rad jest prostych – po prostu zróbcie pierwszy krok

Najważniejsze przy zmianie stylu życia jest zrobienie pierwszego kroku. Dlatego wybierzcie coś względnie łatwego do osiągnięcia i zacznijcie już teraz. Używajcie później tej książki jako pomocy i kompendium wiedzy, żeby z czasem przyjmować kolejne nowe zwyczaje. Przejście do zdrowego stylu życia nie powinno się wiązać z żadną męczarnią, ma się wam wydać pozytywne i sensowne. Wtedy uda się wam też zachować te nowe nawyki na stałe. Wyobraźcie sobie, że jecie coś smacznego i pożywnego, wyobraźcie sobie, jak z łatwością wjeżdżacie na rowerze po długim podjeździe pod górę. Ważne jest, abyście wyrobili sobie pozytywne wyobrażenia tego, co się może zmienić – wtedy wzrosną wasze szanse na powodzenie.

Wracajcie do tej książki, rozmawiajcie o niej z przyjaciółmi, dzielcie się swoimi najlepszymi wskazówkami. W ten sposób kwestie zdrowotne pozostaną dla was cały czas aktualne.

Co decyduje o długości życia?

Jak wspomniałem we wstępie, dzisiaj już wiemy, że styl życia ma absolutnie pierwszorzędne znaczenie, jeśli chodzi o długość i jakość egzystencji. Sami więc – aktywnie dokonując wyborów – macie w najwyższym stopniu wpływ na długość swojego życia, a jednocześnie na swoje zdrowie.

Zanim jednak przejdziemy do rad, które zapewnią wam lepsze zdrowie, musicie zrozumieć tło, czyli to, jak wszystko się ze sobą łączy. Jak należy dbać o swój organizm i zdrowie psychiczne i wzmacniać je, żeby czuć się lepiej i chronić się przed zapaleniami?

Stan zapalny – duże zagrożenie

Spore zagrożenie dla naszego zdrowia stanowią zapalenia, które w dużej mierze są efektem niezdrowego stylu życia. Pokażę tutaj, jak nasze nawyki i stany zapalne łączą się ze sobą, w jaki sposób wpływają na nasze zdrowie i jak możemy ich unikać.

Cały czas dochodzi w naszych organizmach do groźnych stanów zapalnych; zapalenia są podstępne, możecie nawet nie zdawać sobie z nich sprawy, dlatego bywa, że trudno jest zrozumieć, że nieustannie wam one szkodzą. Może choć prowadzicie niezdrowy styl życia, czujecie się wyśmienicie, ale za to, z czego teraz nie zdajecie sobie sprawy, przyjdzie wam później zapłacić wysoką cenę – przedwcześnie się zestarzejecie! To, że stany zapalne w ogromnym stopniu wypływają na nasze zdrowie, jest bardzo interesującym i stosunkowo nowym odkryciem, o którym być może jeszcze nie wszyscy słyszeli.

O ile lat można wydłużyć swoje życie?

Poszczególne zmiany nawyków na zdrowsze mogą doprowadzić do wydłużenia życia o różną liczbę lat. Liczby wspomniane w tej książce stanowią uśrednioną wartość dla wszystkich, którzy brali udział w badaniach. Oznacza to, że określona zmiana dała średnio na przykład dodatkowe siedem lat życia, więc liczba lat w przypadku poszczególnych osób biorących udział w badaniu wynosiła od trzech do jedenastu. Nie wiadomo wprawdzie, jak ten proces się potoczy u was, ale przekaz jest jasny: jeśli zmienicie złe przyzwyczajenia, z dużym prawdopodobieństwem wzrośnie szansa, że poprawicie stan swojego zdrowia i wydłużycie swoje życie o kilka lat.

Dokonując dalszych zmian, nie dopiszecie wraz z każdą z nich kolejnych lat do swojego życiorysu. Skutki tych zmian będą się bowiem na siebie nakładać, co z kolei będzie oznaczać, że wzrośnie prawdopodobieństwo odwleczenia chorób w czasie i że będziecie się czuć lepiej i żyć dłużej.

Diagram 1. Niezdrowy styl życia prowadzi do podwyższonego ryzyka wielu chorób

Jak dochodzi do stanu zapalnego?

Do stanu zapalnego może dojść z różnych przyczyn, ale wiąże się on przede wszystkim z występowaniem wolnych rodników.

Podczas oddychania tlen dociera do naszych płuc, wnika do układu krwionośnego i zostaje dostarczony do każdej komórki organizmu. Komórki wykorzystują go później do produkcji energii potrzebnej im do przeprowadzania ważnych procesów życiowych – powstaje wówczas produkt uboczny – wolne rodniki. Organizm pożytkuje tylko małą ich część, a jeśli prowadzicie niezdrowy tryb życia, to produkujecie ich zbyt wiele. Wtedy te cząsteczki zawierające niesparowane elektrony zachowują się jak maruderzy i powodują uszkodzenie różnych komórek organizmu – a w konsekwencji zapalenie. Poza tym atakują nasz układ odpornościowy (patrz diagram 1).

Do czego prowadzi przewlekły stan zapalny?

Im jesteśmy starsi, tym stopniowo coraz poważniejsze stają się uszkodzenia i stany zapalne powodowane przez wolne rodniki. Układ odpornościowy zawodzi, a bakterie, wirusy oraz komórki nowotworowe mnożą się i rozprzestrzeniają. Co więcej: zaburzenia funkcjonowania układu odpornościowego mogą doprowadzić do tego, że stanie się on nadambitny i zacznie atakować zdrowe komórki naszego organizmu. W ten właśnie sposób powstają tak zwane choroby autoimmunologiczne.

Przewlekły stan zapalny organizmu oznacza także, że tkanki, naczynia i różne organy zostały uszkodzone, przez co coraz gorzej funkcjonują. Stan zapalny w skrócie powoduje liczne choroby, z których kilka wymieniono w diagramie 1.

Powstanie chorób cywilizacyjnych wynika z jednej przyczyny: ☞ ze stanów zapalnych.

Jak poprawić swoje zdrowie i zwalczyć stany zapalne?

Wybierając zdrowy styl życia, poprawiacie stan swojego zdrowia, a jednocześnie stymulujecie mechanizmy samolecznicze, które w różny sposób zwalczają przyczyny powstawania stanów zapalnych i ich negatywne oddziaływanie.

- Stwórzcie silny system odpornościowy – poprzez działania wspomagające i wzmacniające.
- Ograniczcie produkcję wolnych rodników – poprzez działania zapobiegawcze.
- Unieszkodliwcie wolne rodniki, które już powstały – poprzez działania ochronne.

Sami – swoim stylem życia – zdecydujcie, którą drogą chcecie dojść do lepszego zdrowia.

1. Stwórzcie silny system odpornościowy

Układ odpornościowy składa się z naczyń limfatycznych, śledziony i szpiku kostnego oraz dużej liczby wszelkiego rodzaju białych krwinek, które patrolują organizm, polując na intruzów. Bronią one organizmu przed inwazją z zewnątrz, ponieważ wynajdują i eliminują szkodliwe bakterie i wirusy. Zajmują się także zabijaniem komórek organizmu, które zostały uszkodzone przez wolne rodniki i stanowią zagrożenie, że rozwiną się w komórki nowotworowe.

Szczególny rodzaj małych krwinek, tak zwani naturalni zabójcy lub komórki NK (ang. *natural killers*), to specjalni obrońcy systemu immunologicznego. Gdy tylko odkryją jakiegoś intruza, najpierw próbują doprowadzić do oddziaływania komórka–komórka, a później wydzielają truciznę, która wnika do tej obcej komórki i ją niszczy. Właśnie w tak fantastyczny sposób działa nasz organizm.

Do tego błona śluzowa jelit stanowi duży i rozwinięty układ odpornościowy, który współpracuje z bakteriami jelitowymi. Obce substancje cały czas dostają się do naszego organizmu wraz z jedzeniem i piciem. Układ immunologiczny w jelitach dokonuje wtedy podziału na to, co jest niebezpieczne dla naszego zdrowia, i na to, co jest dla niego korzystne. Prawidłowe odżywianie i niski poziom stresu to dwa doskonałe sposoby na wzmocnienie układu odpornościowego.

Prowadząc zdrowy styl życia, możemy wyraźnie wzmocnić układ immunologiczny. Może wzrosnąć liczba limfocytów i podnieść się stopień ich aktywności. W ten sposób będziemy dobrze przygotowani, żeby opierać się atakom infekcji i rozwojowi raka.

2. Ograniczcie produkcję wolnych rodników

Zdrowy styl życia skutkuje tym, że produkcja wolnych rodników zmniejsza się znacząco, a tym samym maleje liczba szkód wyrządzanych w systemie odpornościowym, naczyniach krwionośnych i organach. To z kolei oznacza, że rzadziej dochodzi do stanów zapalnych, a przez to zmniejsza się ryzyko wystąpienia wielu chorób (patrz diagram 2). Dowiecie się, jak dzięki zdrowemu stylowi życia wyraźnie zredukować liczbę wolnych rodników.

Diagram 2. Zdrowy styl życia chroni przed najczęstszymi chorobami cywilizacyjnymi

Palenie tytoniu – najgorszy z cichych producentów wolnych rodników i stanów zapalnych

Palenie tytoniu jest jedną z najgorszych decyzji, jakie można podjąć, jeśli chce się żyć długo i być w dobrej formie. Zwiększa ono wydatnie powstawanie wolnych rodników, które bezpośrednio szkodzą naczyniom krwionośnym, systemowi odpornościowemu i organom. Mówiąc krótko: palenie prowadzi do zwiększonej liczby stanów zapalnych w organizmie.

Poza tym dym sam w sobie zawiera szkodliwe substancje, które (skrótowo rzecz ujmując) powodują częstsze występowanie chorób płuc, serca i układu krwionośnego, są przyczyną raka i długiej listy innych schorzeń. Palenie przyśpiesza więc starzenie, a jak wynika z badań, palacze tracą średnio osiem–dwanaście lat życia.

Uświadomcie sobie, że jesteście palaczami, a potem rzućcie palenie i zamiast tego zacznijcie żyć zdrowo. Ponieważ nasz organizm odnawia się z czasem, może to oznaczać, że średnia długość życia (wasza przewidywalna długość życia) skrócona o osiem lat przez palenie może znowu zostać wydłużona o osiem lat dzięki procesowi regeneracji, a dodatkowo macie szansę zyskać drugie tyle za sprawą zdrowego trybu życia! Może ta informacja doda wam motywacji, żeby podjąć właściwą decyzję – rzucić palenie.

3. Zwalczcie wolne rodniki, które już powstały

Organizm sam wytwarza ochronę przeciwko atakom wolnych rodników, tak zwane antyoksydanty. Ponieważ produkcja antyoksydantów w naszym organizmie zaczyna ustawać już w wieku dwudziestu pięciu lat, należy je dostarczać wraz z pokarmem. Więcej o tym w kolejnych rozdziałach.

Poprawcie swój stan zdrowia – zacznijcie już dziś!

Jeśli prowadziliście albo prowadzicie niezdrowy tryb życia, zapomnijcie o tym, co było. Ważne jest tylko to, co zrobicie teraz, co będziecie robić jutro i przez resztę swojego życia. Proces odmładzania i leczenia rozpocznie się natychmiast po zmianie nawyków na lepsze, a efekty szybko się pojawią. Stanie się tak, kiedy tylko zaczniecie poprawiać swój styl życia. Innymi słowy: nigdy nie jest za późno, żeby coś zrobić. Nie ma najmniejszego znaczenia, od czego zaczniecie zmiany, ważne jest, żebyście zrobili coś, co pozytywnie wpłynie na wasze zdrowie.

W rezultacie będziecie żyć zdrowiej i dłużej.

JAK POKAZAŁY BADANIA

Duży projekt badawczy prowadzony przez dwanaście lat w jedenastu krajach europejskich dał wstrząsający wynik: obniżenie śmiertelności na raka o całe 60 procent u ludzi, którzy przeszli na zdrowszy styl życia w trakcie trwania badań.

Naukowcy wyciągnęli także wniosek, że ci, którzy żyją zdrowiej, byli – jak obliczono – o czternaście lat młodsi pod względem wieku biologicznego od swoich rówieśników i różnica ta utrzymywała się przez cały czas trwania badania.

Cel tej książki

Chciałbym opowiedzieć wam o związku między stylem życia a wzmocnieniem systemu odpornościowego, hamowaniem stanów zapalnych w organizmie i zapobieganiem im. Jeśli będziecie postępować zgodnie z moimi wskazówkami, poczujecie się lepiej i młodziej. A może również unikniecie wielu chorób i opóźnicie proces biologicznego starzenia.

Mam nadzieję, że uda mi się pokazać, jak możecie żyć, żeby wzmocnić własne siły witalne. Im więcej zdrowych nawyków w sobie wyrobicie, tym więcej czeka was lat przeżytych w zdrowiu. Zacznijmy więc od jednej z absolutnie najważniejszych rzeczy – ruchu.

Ruch odmładza

Zostaliśmy stworzeni do aktywności fizycznej i dlatego zażywanie ruchu przyniesie nam wiele dobra.
Co wy na to, żeby dzięki aktywności fizycznej obniżyć ryzyko około trzydziestu–czterdziestu chorób?
A przecież wielu ludzi wmawia sobie, że nie ma czasu na ruch.

Jeśli teraz nie wygospodarujecie tego czasu, to później będziecie musieli wygospodarować go jeszcze więcej – na chorowanie.

Ruch nie tylko wydłuża życie, ale też dodaje energii, przez co czujemy się kilka lat młodsi. Osoby, które się ruszają albo poświęcają z umiarem jakiejś aktywności fizycznej, zestarzeją się wolniej niż te, które pozostaną nieaktywne fizycznie. Sześćdziesięciolatek może mieć ciało czterdziestolatka, lecz działa to też w drugą stronę: czterdziestolatek może mieć ciało sześćdziesięciolatka.

Niezależnie od tego, ile mamy lat i jaką mamy kondycję fizyczną, ruch zawsze odmładza nasz organizm.

Ale pamiętajcie, że dzięki aktywności fizycznej pozostaje się młodszym tylko tak długo, jak długo człowiek się rusza. Ruch ma „krótki termin przydatności", nie da się go przechowywać w organizmie, więc trzeba regularnie go powtarzać.

Jak aktywność fizyczna odmładza organizm?

Aktywność fizyczna wpływa na cały organizm, między innymi na serce i naczynia krwionośne, system odpornościowy, mięśnie, szpik kostny i zdrowie psychiczne. Żeby wzmocnić organizm, trzeba również dobrze się odżywiać. Dzięki temu komórki się zregenerują i powstaną nowe naczynia krwionośne, co poprawi krążenie, zwiększy wydolność serca i zredukuje ilość hormonów stresu, a to z kolei ograniczy stany zapalne i wzmocni układ odpornościowy.

DOBRYMI SKUTKAMI AKTYWNOŚCI FIZYCZNEJ SĄ:

Dłuższe życie

Aktywność fizyczna wydłuża życie. W wielu badaniach udowodniono, że regularna aktywność fizyczna może wydłużyć je o około osiem lat. Badania wykazały także ponadpięćdziesięcioprocentowy spadek ryzyka przedwczesnej śmierci u dobrze wytrenowanych osób w porównaniu z tymi prowadzącymi siedzący tryb życia.

Niższy poziom stresu

Regularna aktywność fizyczna obniża siłę reakcji stresowych, co sprawia, że człowiek czuje się bardziej odprężony, ma lepsze samopoczucie i lepiej sobie radzi ze stresem. Do tego spada liczba stanów zapalnych w organizmie i proces starzenia zostaje zahamowany.

Przeciwdziałanie demencji

Badania wykazały, że ruch znacząco spowalnia rozwój demencji. Aktywność fizyczna poprawia pamięć długotrwałą i hamuje starzenie się naczyń krwionośnych.

Przeciwdziałanie cukrzycy

W przypadku cukrzycy aktywność fizyczna wyraźnie przeciwdziała czynnikom ryzyka stojącym za szybszym rozwojem choroby i przedwczesną śmiercią.

Przeciwdziałanie nowotworom

Aktywność fizyczna chroni przed niektórymi rodzajami nowotworów, między innymi przed rakiem piersi, prostaty, szyjki macicy i jelita grubego.

Przeciwdziałanie chorobom układu krążenia

Badania wykazały, że u mężczyzn aktywnych fizycznie o połowę zmniejsza się ryzyko wystąpienia zawału serca w porównaniu z tymi, którzy się nie ruszają. W przypadku kobiet, które chodzą na spacery, ryzyko wylewu jest o połowę mniejsze niż u tych, które nie spacerują. Osoby utrzymujące aktywność fizyczną w codziennych czynnościach cierpią o 30 procent rzadziej na choroby układu krążenia i rzadziej umierają przedwcześnie w porównaniu z tymi, które nie ruszają się na co dzień.

Trzy rodzaje dobrej aktywności fizycznej

Najlepsza będzie taka aktywność, na którą sami się zdecydujecie. Nie ma więc większego znaczenia, jaką wybierzecie, o ile tylko będzie dla was fajna, niewymuszona i łatwa do wykonywania, bo wtedy wzrasta szansa, że nie zniechęcicie się zbyt szybko. Myśląc o pozytywnych skutkach aktywności fizycznej – zredukowaniu poziomu hormonów stresu, wzmocnieniu układu odpornościowego, poprawie samopoczucia, przypływie wigoru, wyostrzeniu sprawności myślenia, poprawie snu, wzroście poziomu zadowolenia i odmłodzeniu ciała – może nawet zaczniecie tęsknić za tym, żeby pójść na spacer, przejechać się na rowerze albo pójść na zajęcia fitness!

Jeśli chcecie zachować pełną różnorodność aktywności fizycznej, musicie pamiętać, że istnieją trzy podstawowe typy ćwiczeń: (1) ogólna aktywność fizyczna, (2) trening kondycyjny, (3) ćwiczenia siłowe i rozciągające. Każdy z tych typów aktywności w różny sposób przeciwdziała procesowi starzenia. Spróbujcie wpisać je wszystkie do swojego planu treningowego.

1. Ogólna aktywność fizyczna

Rozumiany jest przez to codzienny ruch. Przynosi on dobre efekty i można go wykonywać cały czas, wystarczy tylko o tym pomyśleć.

Spacery, praca w ogrodzie, mycie okien, wyjście po zakupy, wejście po schodach zamiast wjechania windą, zostawienie samochodu na parkingu, kiedy to tylko możliwe, i przejście się piechotą albo jazda rowerem – to wszystko służy zdrowiu i coraz więcej naukowców podkreśla znaczenie takich właśnie codziennych czynności. Już sam wzrost poziomu ogólnej aktywności – nawet bez konieczności spocenia się – odpowiada za zwiększenie o 40 procent efektów odmładzających, które niesie ze sobą ruch.

2. Trening kondycyjny

Obejmuje on aktywności, które powodują, że serce bije szybciej i człowiekowi zaczyna brakować oddechu. Najlepiej jest jeszcze się trochę przy tym spocić, na przykład podczas szybkich spacerów albo nordic walking. Jeśli wybierzecie jogę, wedle dobrej zasady intensywność powinna być taka, że podczas treningu możecie ewentualnie z kimś rozmawiać, ale jeśli jesteście w stanie razem śpiewać, to znaczy, że tempo jest zbyt wolne.

Dobry ruch zapewnią wam także na przykład taniec, gra w badmintona, tenis, piłka nożna, wycieczki rowerowe, pływanie i aqua aerobik. Wybierzcie tę aktywność, która najbardziej wam pasuje. Ten rodzaj ruchu wpłynie dodatkowo w 40 procentach na proces odmładzania, który daje się powiązać z aktywnością fizyczną.

3. Trening siłowy i rozciągający

Po trzydziestym roku życia masa mięśniowa zaczyna się zmniejszać i odpowiednio wcześnie trzeba zacząć temu przeciwdziałać. Każdy dodatkowy procent masy mięśniowej może przynieść wam życie dłuższe o kolejny rok. Rozbudowywanie i wzmacnianie mięśni w czasie treningu siłowego i późniejsze utrzymywanie ich w formie może się przyczynić w 20 procentach do zminimalizowania efektów procesów starzenia. Ale jest to ważne 20 procent, ponieważ oznacza wzmocnienie mięśni i szpiku kostnego, co zmniejsza ryzyko naciągnięcia mięśni i zniekształceń, kiedy wykonujecie pozostałe typy aktywności fizycznej.

Ile powinno się trenować?

Obowiązuje tu zasada: trochę i często. Z badań wynika, że powinno się zażywać trzydziestu minut „codziennego ruchu" każdego dnia. Dodatkowe efekty zdrowotne przyniesie dodanie dwudziestu–trzydziestu minut biegania albo podobnej aktywności trzy razy w tygodniu.

Ewentualnie możesz łączyć ze sobą powyższe aktywności. Siłowe ćwiczenia fizyczne dla różnych dużych grup mięśni w organizmie również zaleca się minimum dwa razy w tygodniu.

Dzieci powinny się poruszać minimum sześćdziesiąt minut na dzień.

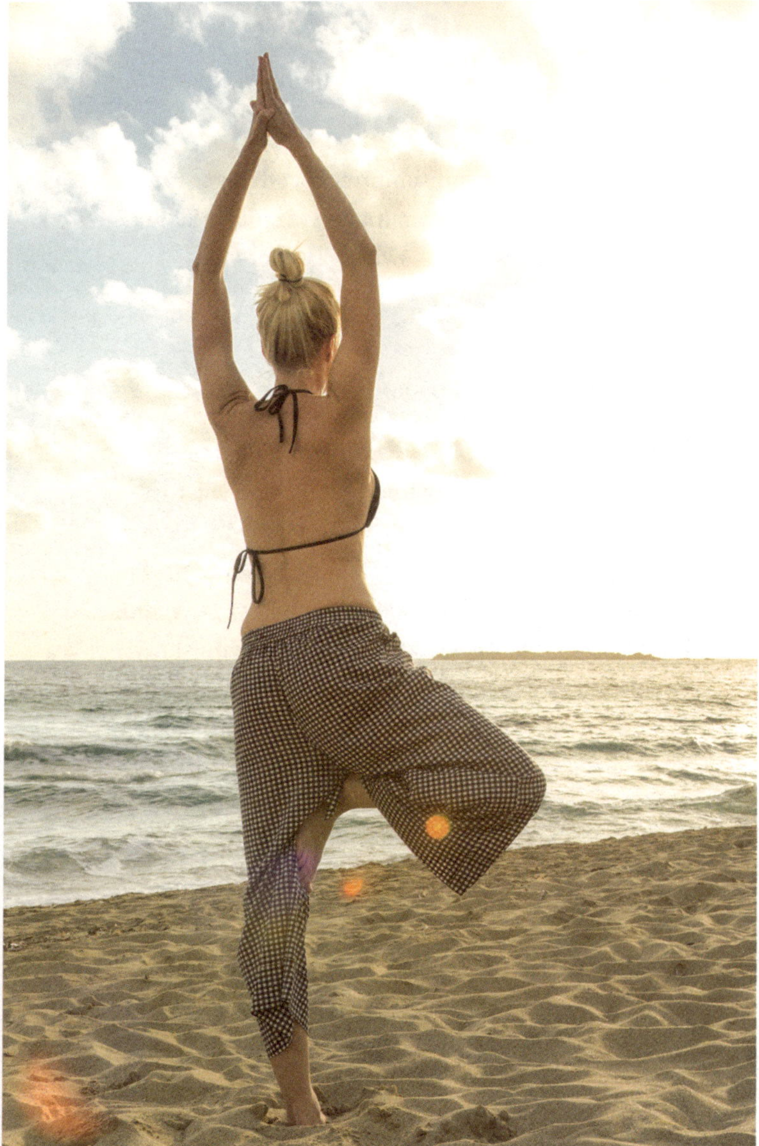

JAK POKAZAŁY BADANIA

Osoba, która trenuje minimum trzy godziny w tygodniu, jest z biologicznego punktu widzenia młodsza o dziesięć lat od swojego rówieśnika, który nie trenuje.

Czy można się przetrenować?

Rada jest taka, żeby ćwiczyć z umiarem. Badania pokazały, że ekstremalny trening nie poprawia wcale zdrowia, a wręcz łączy się z ryzykiem urazów, na przykład złamań zmęczeniowych. Maratończykom grożą problemy z sercem (takie jak kołatanie) czy zwyrodnienia stawów biodrowych i kolanowych. Innymi słowy: zasada „co za dużo, to niezdrowo" obowiązuje także w odniesieniu do ruchu i treningu. Jeśli cierpicie na jakąś chorobę, zawsze przed podjęciem wzmożonej aktywności treningowej skonsultujcie się z lekarzem.

Używajcie licznika kroków

Stymulująco może działać używanie krokomierza, dzięki któremu łatwo sprawdzić, czy osiągnęło się wyznaczony cel. Ustawcie go na 10–12 tysięcy kroków w ciągu dnia, co odpowiada spacerowi na dystansie około sześciu–ośmiu kilometrów. Wynik poniżej 5000 uznaje się za „siedzący tryb życia".

Spalanie energii w ciągu pół godziny

Jeśli aktywność fizyczna służy wam do utrzymywania swojej wagi pod kontrolą, to może was zainteresować, które aktywności fizyczne powodują większe, a które mniejsze spalanie kalorii. Jednak liczby w tabelach to tylko przybliżone wartości, ponieważ wiele zależy między innymi od tego, ile ktoś waży i co w danym przypadku zostanie przyjęte jako poziom średnio intensywnej aktywności, dla której podane są te orientacyjne dane.

Tabela 1. Zużycie energii przy kilku zwykłych czynnościach

praca w ogrodzie	150 kcal
spacerowanie	150 kcal
jazda na łyżwach	250 kcal
pływanie	350 kcal
jazda na nartach	350 kcal
jogging/bieganie	350 kcal

SKANDYNAWSKI SEKRET

Czy aktywność fizyczna może zrekompensować na ogół siedzący tryb życia?

Siedzący tryb życia to nasilający się problem. Telewizja, media społecznościowe i komputery pochłaniają nas w coraz większym stopniu i niektórzy ludzie pozostają nieaktywni przez 90 procent czasu, w którym nie śpią. Taki codzienny brak ruchu okazał się poważnym czynnikiem ryzyka w przypadku wielu poważnych chorób cywilizacyjnych.

Siedzący tryb życia oznacza, że ważne grupy mięśni, przede wszystkim mięśnie pośladkowe i mięśnie nóg, nie są używane, co wiąże się między innymi z zaburzeniami krążenia i obniżeniem metabolizmu. To z kolei prowadzi do podwyższenia poziomu cukru we krwi, co powoduje stany zapalne i zwiększa ryzyko chorób układu krążenia, cukrzycy, raka i przedwczesnej śmierci.

Zdrowotny efekt zażywania ruchu trzy razy w tygodniu może zostać w dużej mierze zniweczony przez to, że poza tą aktywnością będziecie prowadzić głównie siedzący tryb życia.

Już od dawna koncentrowaliśmy się na aktywności fizycznej, ale dopiero teraz zaczęliśmy rozumieć, jakie znaczenie ma także unikanie siedzącego trybu życia.

JAK POKAZAŁY BADANIA

Wiele obszernych badań pokazało, że na ogół siedzący tryb życia (a szczególnie całkowicie siedzący) zwiększa ryzyko zachorowania na cukrzycę, a także zagrożenie chorobami układu krążenia i rakiem oraz śmiercią z ich powodu. Na wyniki bez wpływu pozostaje fakt, jak ciężko trenowało się w czasie wolnym!

W pewnym eksperymencie polecono młodym i zdrowym mężczyznom jak najmniej się ruszać przez dwa tygodnie. Już po tak krótkim czasie okazało się, że miało to wpływ na ich poziom cukru, pogorszenie kondycji i wzrost liczby lipoprotein we krwi. Tym samym wzrosło także prawdopodobieństwo zachorowania na cukrzycę i choroby układu krążenia.

Na końcówkach chromosomów znajdują się tak zwane telomery, które wpływają na to, jak szybko my i nasze komórki się starzejemy. Naukowcy udowodnili, że telomery skracają się przy siedzącym trybie życia, a to oznacza życie krótsze niż u osób aktywnych fizycznie.

Róbcie przerwy w siedzeniu

Aby wyleczyć „chorobę braku ruchu", unikajcie siedzenia dłużej niż przez trzydzieści–czterdzieści pięć minut bez przerwy. Wstańcie i poruszajcie się, przynieście sobie kawę, porozmawiajcie z kolegami z pracy albo zróbcie coś innego. Wystarczy samo to, że na kilka minut rozprostujecie nogi, a będzie to przeciwdziałać negatywnym skutkom braku ruchu.

Wstańcie – dla waszego zdrowia

Praca na stojąco jest najnowszym trendem prozdrowotnym. Przekonanie, że obniża ryzyko całej masy chorób związanych ze stylem życia, sprawiło, że rośnie liczba osób, które decydują się stać podczas pracy.

Obecnie coraz częściej spotyka się biurka z regulowaną wysokością, dzięki czemu możliwa jest praca na stojąco. Naprzemienne wstawanie i siadanie powoduje, że nasz organizm czuje się lepiej. W pozycji stojącej spada liczba szkodliwych lipoprotein, obniża się poziom cukru i zmniejsza się liczba stanów zapalnych.

Stwarza to korzystne warunki dla naczyń krwionośnych i serca. Jeśli będziecie przenosić punkt ciężkości z jednej nogi na drugą, pobudzicie także krążenie.

Jeśli się stoi i pracuje, organizm uaktywnia się i podnosi się tempo spalania. Oznacza to, że stojąc dwie godziny więcej w ciągu dnia, można obniżyć masę ciała aż o dziesięć kilogramów w ciągu roku.

2

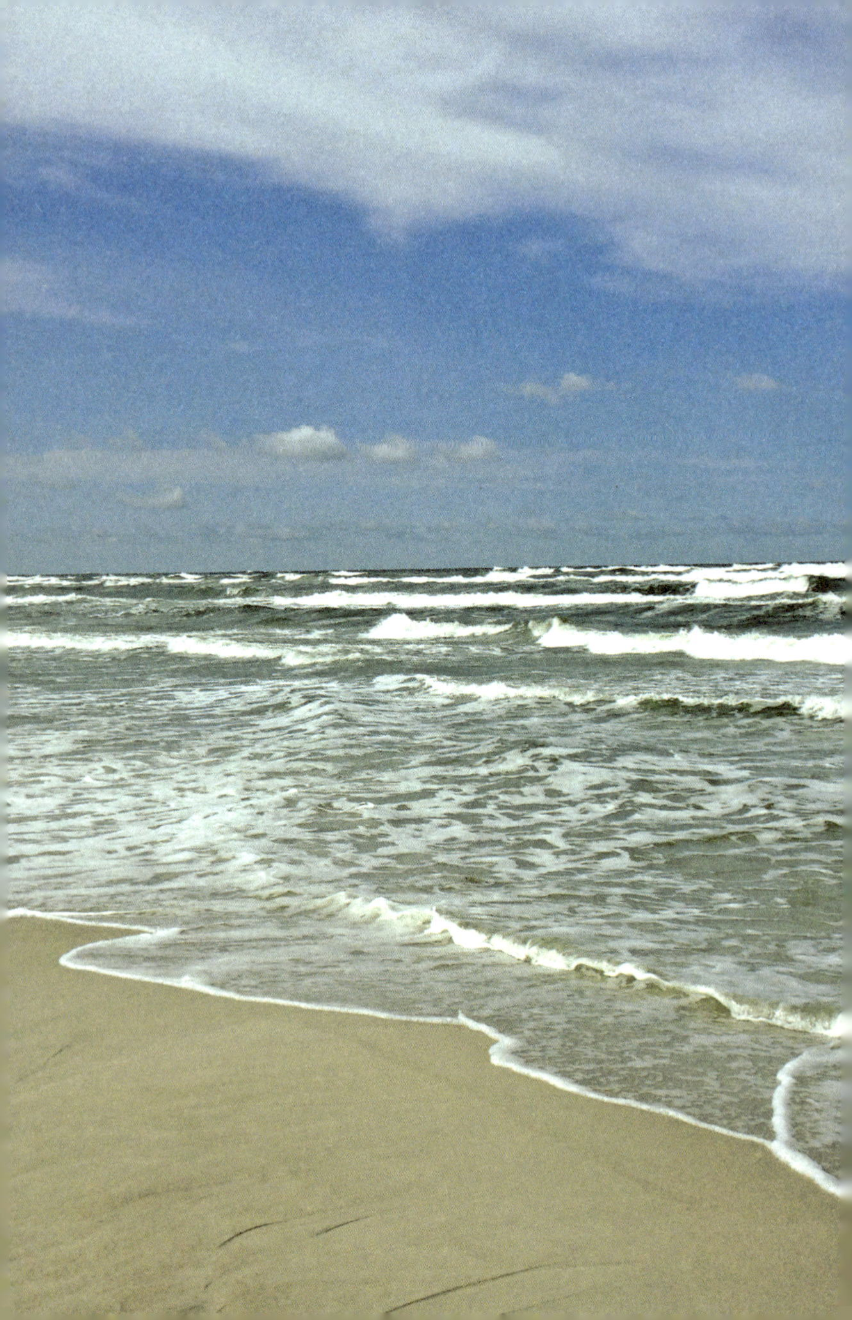

Czas na regenerację

Udowodniono naukowo, że mniej stresujące życie pozytywnie wpływa na zdrowie. Opuśćcie więc luźno ramiona i uświadomcie sobie:

W życiu nie chodzi tylko o to, żeby przeżyć, ale o to, żeby żyć.

Stres jest niezbędny, żebyśmy mogli przeżyć, i dlatego w gruncie rzeczy oznacza coś pozytywnego. Organizm przygotowuje się w ten sposób do walki albo ucieczki. Ale we współczesnym społeczeństwie rzadko czysto fizycznie walczy się o przetrwanie. Do reakcji stresowych dochodzi jednak przy okazji napięć psychicznych, na przykład kiedy człowieka dopada złość, zmaga się z kiepską sytuacją materialną, męczy się nudną pracą albo ma za dużo rzeczy do zrobienia.

A więc nie tylko realne zagrożenie może spowodować stres. Podobnym doświadczeniem będzie już samo wyobrażenie sobie zagrożenia albo trudnej sytuacji, czyli czegoś, co tak naprawdę się nie dzieje i co może się nigdy danej osobie nie przytrafić. Organizm odpowiada jednak reakcją stresową na takie wyobrażenie. W ten sposób – gdy często myślimy o nieszczęściach, które mogą spotkać nas samych albo naszych bliskich, epidemiach, które mogą wybuchnąć, albo o innych czarnych scenariuszach – stres towarzyszy nam niezależnie od tego, jak dobrze się nam wiedzie. Wiadomości w telewizji i w gazetach stale dostarczają pożywki do coraz większego niepokoju i obaw.

Dzisiaj wiemy, że stres jest równie groźny jak palenie. Ale stanowi naturalną część naszego życia i człowiek potrafi znieść naprawdę dużo tak zwanego stresu krótkotrwałego. Jednak w dzisiejszym świecie, kiedy jesteśmy stale dostępni przez e-mail, telefon komórkowy i media społecznościowe i kiedy rejestrujemy ogromne ilości informacji, wobec których musimy podjąć jakąś decyzję i zająć stanowisko, mamy nadmiar tego rodzaju stresu. Wymagania w pracy są wysokie, tempo życia szybkie, a stres się wydłuża i staje permanentny. Jeśli więc nie wygospodarujemy czasu na regenerację, nasze zdrowie może na tym poważnie ucierpieć.

Różne rodzaje stresu

Sytuacje powodujące stres nie muszą się wiązać z czymś negatywnym. Może chodzić na przykład o coś wielkiego i ważnego, a reakcja stresowa dodaje nam wtedy sił, których potrzebujemy, żeby poradzić sobie z danym wyzwaniem.

Sposoby przeżywania stresu różnią się w zależności od człowieka – ludzie rozmaicie reagują w takiej samej sytuacji. To, co ktoś uważa za stresujące, inna osoba może potraktować jako wyzwanie i coś ekscytującego. Przeróżne sposoby reagowania sprawiają, że niektórzy z nas znajdują się niemal w chronicznym stresie, podczas gdy inni nie widzą nigdy żadnego problemu i dlatego nie czują się zestresowani.

Wielu ludzi ma poczucie, że wymagania stawiane im przez innych są wysokie, ale często nasze własne wymagania okazują się najbardziej stresujące. Jeśli zawiesicie sobie wysoko poprzeczkę i wszystko będzie musiało być dla was idealne, będziecie się tylko dodatkowo stresować. Jeśli się ocenia własne osiągnięcia z zewnątrz, łatwo zmuszać siebie samego do robienia wciąż więcej i więcej, żeby się poczuć wystarczająco dobrym. Chodzi jednak o to, by dostrzec, że wartość człowieka nie ma nic wspólnego z jego osiągnięciami.

W pewnych sytuacjach możemy się zestresować nawet tym, że nie mamy w życiu wystarczająco dużo zadań lub wyzwań albo że nie wydają się nam one sensowne. Wymuszona samotność, bezrobocie czy brak celu i sensu życia mogą doprowadzić do zwątpienia i spotęgować stres.

Co się dzieje w organizmie

Stres oddziałuje na cały organizm: pochłania energię, więc zużywa substancje odżywcze i opróżnia rezerwy organizmu. Uwalniają się wtedy hormony stresu, takie jak adrenalina czy kortyzol, wzrasta ciśnienie krwi, podnosi się poziomu cukru i tłuszczu we krwi. To prowadzi do zwiększenia liczby wolnych rodników i pojawienia się stanów zapalnych w organizmie, uszkodzenia systemu odpornościowego oraz wzrostu ryzyka rozwoju chorób układu krążenia, infekcji i raka. Krótkie okresy stresu prawdopodobnie w żaden sposób nam nie zaszkodzą, ale kiedy narazimy organizm na długotrwały lub nawracający stres przez tygodnie, miesiące i lata, może dojść do jego uszkodzenia.

JAK POKAZAŁY BADANIA
Niedawno w pewnym badaniu udowodniono, że ryzyko zachorowania na raka piersi u kobiet, które nie żyją w stresie, jest trzy–pięć razy mniejsze niż w przypadku tych zestresowanych.

W szwedzkim badaniu wykazano, że osoby w średnim wieku, które cierpią z powodu stresu i poczucia beznadziei, są narażone na dwa–trzy razy większe ryzyko, że zachorują na demencję, od tych, które prowadzą spokojniejsze życie.

Niektórzy ludzie bardzo łatwo się stresują. Złoszczą się i niecierpliwią, na przykład stojąc w korku, krzyczą na rowerzystów, którzy ich wymijają, i wybuchają przy najmniejszym nieporozumieniu. Te osoby są narażone na kilkakrotnie wyższe ryzyko chorób układu krążenia mierzone częstotliwością występowania wylewów i zawałów serca.

Opracujcie strategie walki ze stresem

Codzienny ruch

Ruch stanowi jeden z najlepszych sposobów na odprężenie. Gdy odczuwamy stres, łatwo zrezygnować z aktywności fizycznej, żeby zaoszczędzić czas, ale to właśnie w takich okresach powinniśmy się szczególnie troszczyć o swój organizm i jak najwięcej się ruszać. Ruch dobrze nam wtedy robi, bo wyrównuje podniesiony poziom hormonów wydzielanych podczas stresu. Zamiast nich produkowany jest „hormon spokoju", oksytocyna, który powoduje przyjemne odprężenie.

Sen dodaje sił

Sen jest potrzebny, żeby ciało i mózg mogły się zregenerować i naładować nową energią. Jeśli zaniedbujecie sen, bo „nie macie czasu spać", to szybko stracicie energię i efektywność. Będziecie sobie gorzej radzili z rozwiązywaniem problemów i będzie wam trudniej powiedzieć „nie". Ciężej też wam będzie poradzić sobie ze stresem, który was otacza, zamiast tego pojawi się ryzyko, że zostaniecie przez niego pochłonięci i sami będziecie go potęgować.

Prawidłowe oddychanie

Spokojne i metodyczne oddychanie to być może najbardziej efektywny sposób, by się odstresować. Dzięki zrelaksowanym, głębokim oddechom, sięgającym aż do samego żołądka, sprawiacie, że wasze ciała i umysły mają szansę się pozbierać i zgromadzić nowe siły. Przy głębokim oddychaniu poprawia się krążenie i stabilizuje rytm zatokowy, obniża się poziom lęku, wzmocniony zostaje układ odpornościowy. Oddychanie wywołuje także miłe samopoczucie i wewnętrzny spokój.

Nauczcie się wybaczać

Nie możecie zmienić tego, co było, zacznijcie więc od próby wybaczenia sobie, a potem pomyślcie, czego się nauczyliście dzięki temu doświadczeniu. Potem spróbujcie jeszcze raz. Chodzi tu także o umiejętność akceptowania przeprosin innych, wybaczania im niesprawiedliwości, a w dalszej perspektywie rozwiązywania problemów.

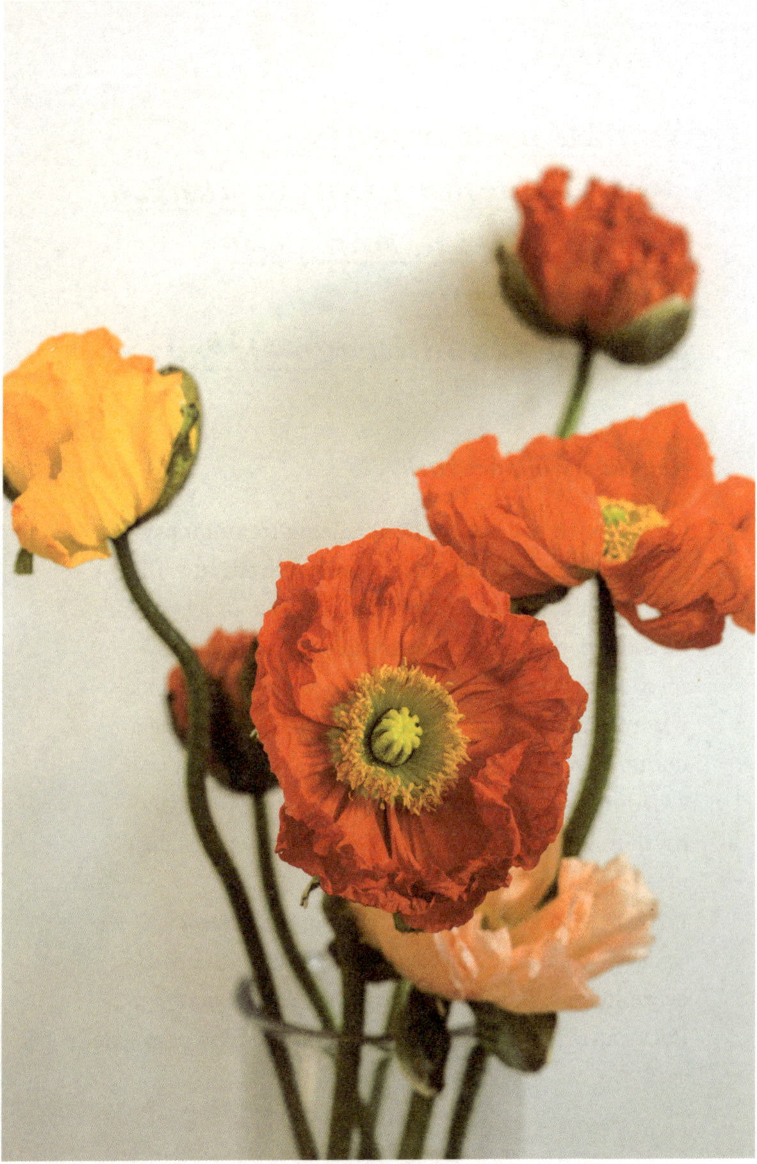

Sztuka wybaczania sobie samemu i innym obniża poczucie lęku, napięcia, a tym samym poziom szkodliwego stresu.

Regularny odpoczynek

Odpoczynek podczas medytacji, jogi i treningu psychicznego może efektywnie zmniejszyć odczuwanie stresu. Na wiele osób działa uspokajająco przebywanie na łonie natury albo spacerowanie. Okazało się również, że masaż uwalnia oksytocynę, która odpowiada właśnie za obniżanie poczucia stresu. Praktyka świadomej obecności albo *mindfulness* mówią o tym, jak świadomie przeżywać teraźniejszość i nie pozwalać myślom wybiegać w przód ani cofać się w przeszłość.

Pozwólcie sobie na dni, kiedy „po prostu jesteście". Spotkajcie się z przyjaciółmi, pośmiejcie się i spędźcie miło czas. Pobawcie się ze swoim czworonogiem. Poczytajcie książkę, posłuchajcie muzyki albo pograjcie

na jakimś instrumencie czy pośpiewajcie w chórze
– to wszystko przełamie schemat stresu i sprawi, że
odetchniecie.

Przejmijcie kontrolę

Sytuacje, nad którymi mamy niewielką kontrolę i z którymi nie wiemy, jak sobie poradzić, są dla nas stresujące. Przejęcie kontroli nad sytuacją jest istotną częścią zwalczania stresu. Nie da się zdążyć ze wszystkim, dlatego trzeba się skoncentrować na tym, co najważniejsze. Spróbujcie znaleźć sposób na lepsze rozplanowanie spraw, które macie na głowie, albo zmniejszenie ich liczby.

Dobrym sposobem może być sporządzenie listy tego, co was stresuje, i tego, co macie do zrobienia. Zyskacie rozeznanie w sytuacji i łatwiej wam będzie później skoncentrować się na tym, co trzeba zrobić w pierwszej kolejności. Wykreślajcie z listy wszystko, co już zrobiliście. Będziecie mieć poczucie zadowolenia, widząc, że liczba punktów się zmniejsza i że udało wam się już załatwić kilka spraw. To z kolei zredukuje stres.

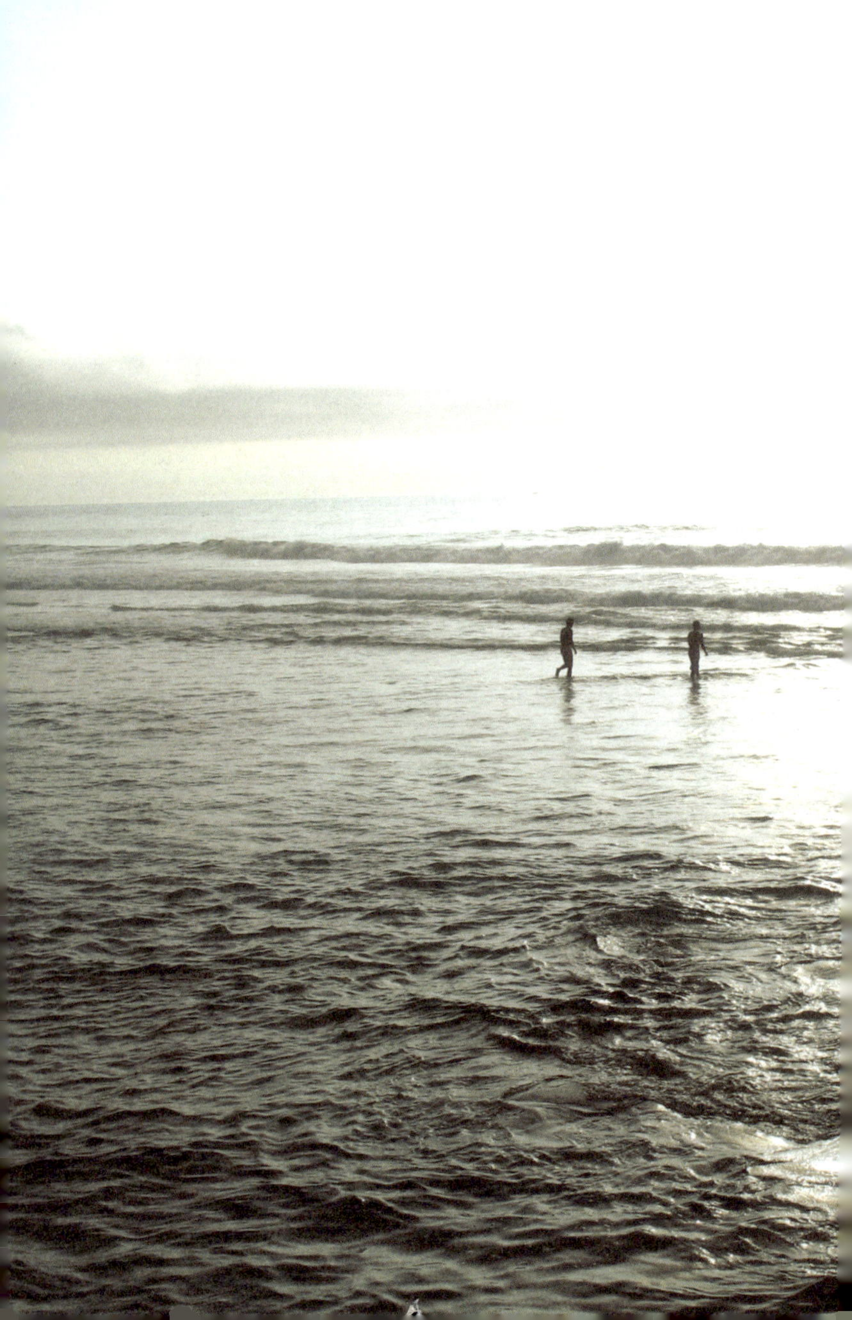

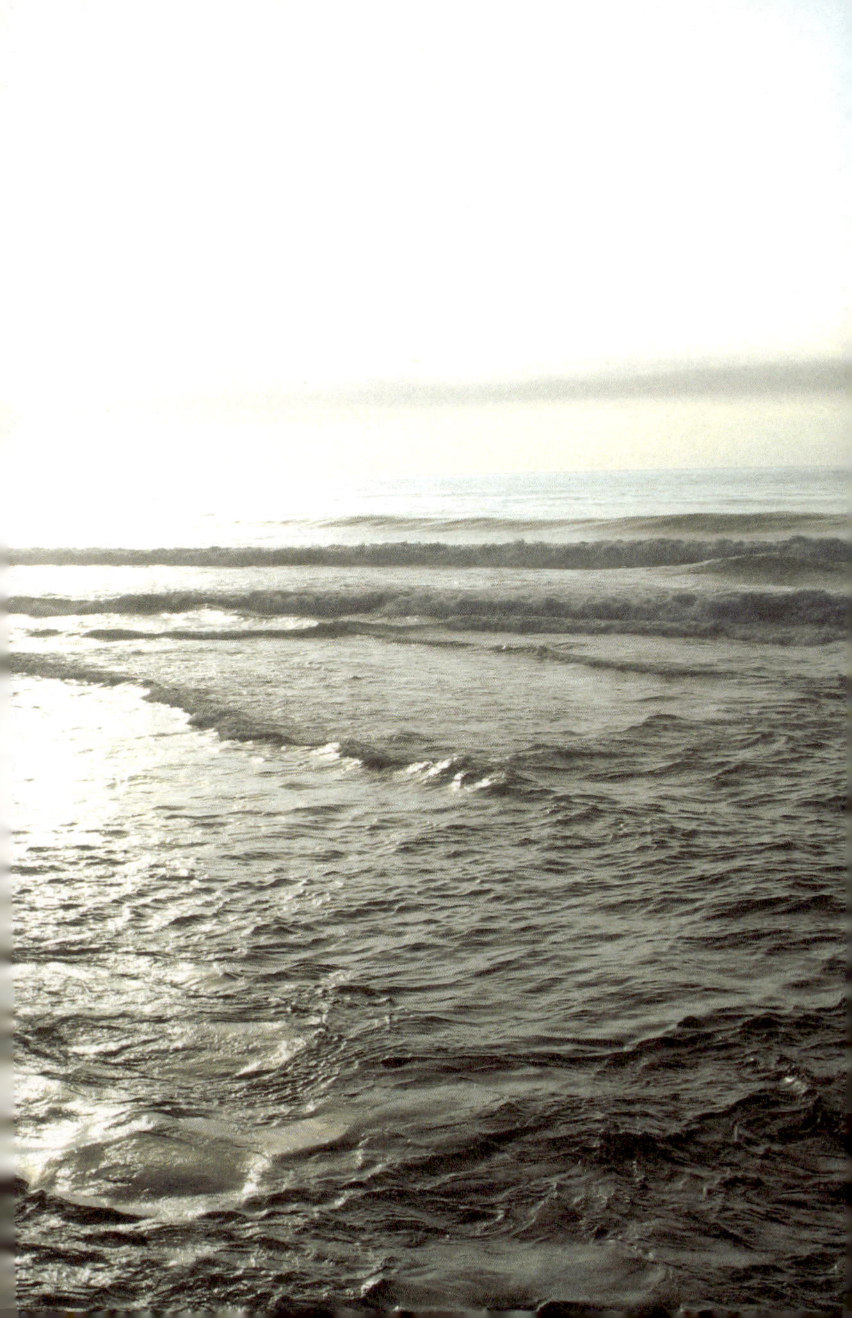

Przejmijcie kontrolę nad swoim życiem.

Time out

Bycie dostępnym non stop, komentowanie na Facebooku i odpowiadanie na wszystkie e-maile może zajmować wam czas, którego akurat nie macie. Spróbujcie się wyłączyć, sami zdecydujcie, czy i kiedy chcecie mieć kontakt ze światem, i skupcie się na rozplanowaniu tego, co – jak czujecie – koniecznie musicie zrobić.

Zmniejszcie swoje oczekiwania – pomyślcie: „good enough"

Jeśli otoczenie stawia wam za duże wymagania, ważne jest, żeby poruszyć ten problem z osobą lub osobami, które się do tego przyczyniają. Może te osoby nawet nie zdają sobie sprawy, jak źle się czujecie z powodu ich oczekiwań, i mogą być otwarte na dyskusję, która doprowadzi do jakiejś zmiany.

Jeśli to wy sami stawiacie sobie za wysoko poprzeczkę, bądźcie samokrytyczni i pchnijcie swoje myśli na nowe tory. Spróbujcie przyjąć do wiadomości, że poczujecie się dużo lepiej, jeśli obniżycie swoje wymagania. Prawdopodobnie także osoby z waszego otoczenia ucieszą się, widząc was trochę szczęśliwszymi i bardziej zadowolonymi. Za robienie wszystkiego perfekcyjnie płaci się zdecydowanie zbyt wysoką cenę.

<u>Pomyślcie: „good enough" – to ułatwi wam życie, obniży stres i będziecie żyć dłużej, odczuwając większe zadowolenie.</u>

3

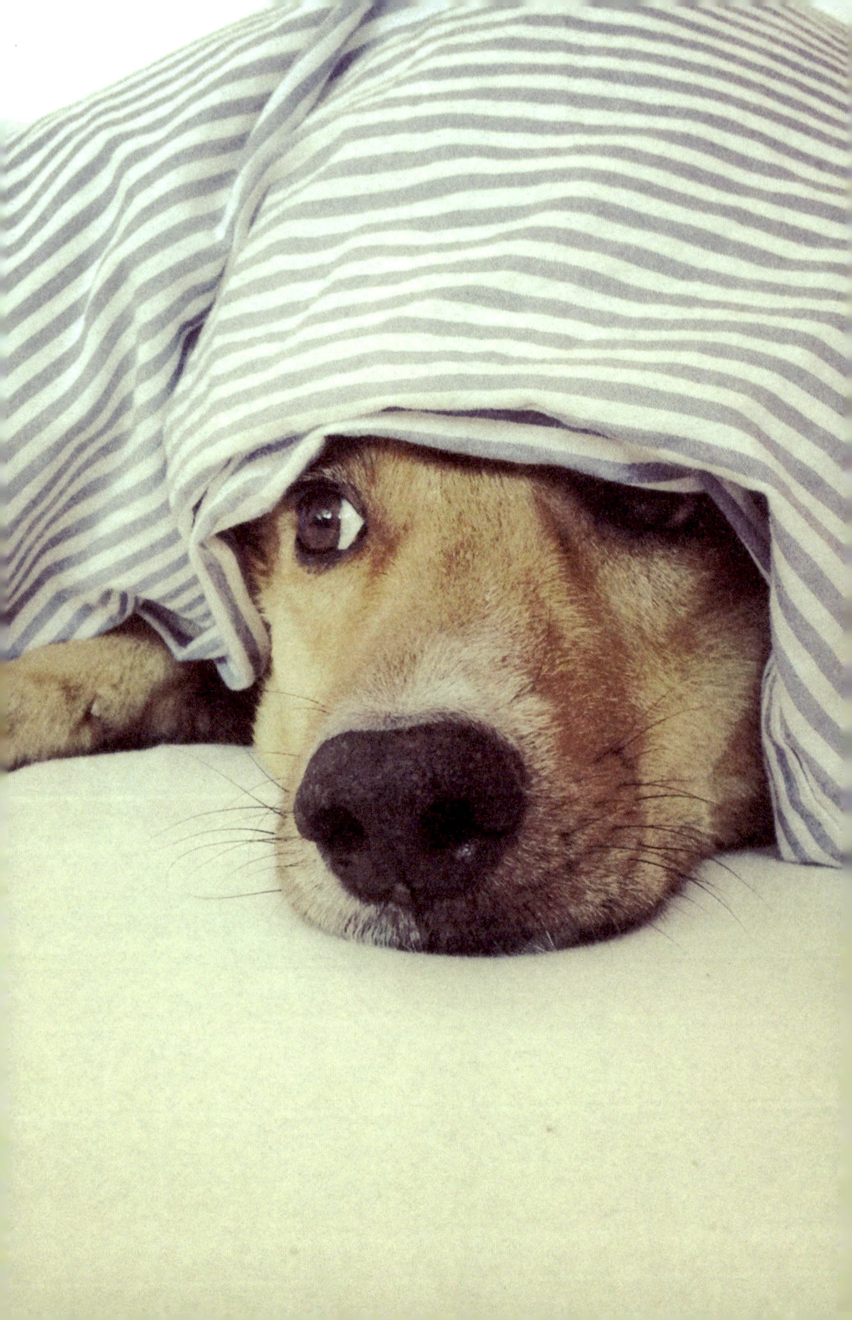

Sen wzmacnia

Dla zachowania dobrego zdrowia ważne jest, żeby dobrze sypiać. Spokojny sen w nocy korzystnie wpływa na nasze samopoczucie i wydajność pracy następnego dnia. Sen sprawia, że jesteśmy wypoczęci; jeśli dobrze spaliśmy, łatwiej jest się nam skoncentrować i nauczyć nowych rzeczy. Nasza wiedza wzbogaciła się niedawno o to, jak duże znaczenie ma sen dla zdrowia także w dłuższej perspektywie, sen okazał się również ważnym elementem stylu życia. Jeśli śpi się wystarczająco długo, można zmniejszyć ryzyko zachorowania na wiele chorób.

Co się dzieje w czasie snu?

Sen jest najważniejszym sposobem na regenerację i daje nam szansę, żeby po męczącym dniu została w organizmie przywrócona równowaga. Jeśli jesteśmy aktywni w ciągu dnia, wykorzystujemy energię i "zużywamy" organizm. Podczas snu dochodzi do odtworzenia i reperacji organizmu, co w dużej mierze zależy od tego, czy śpimy wystarczająco długo.

Puls, ciśnienie krwi, częstotliwość oddechów i temperatura ciała obniżają się. Stres odpuszcza, w związku z czym spada liczba wolnych rodników, a w konsekwencji także stanów zapalnych. Jednocześnie rozbudowuje się i wzmacnia układ odpornościowy. Organizm przygotowuje się na kolejny dzień aktywności.

JAK POKAZAŁY BADANIA
Sen przyczynia się do wyraźnego wzmocnienia układu odpornościowego, co obniża ryzyko między innymi chorób układu krążenia, cukrzycy, depresji i syndromu chronicznego zmęczenia. Dobry sen wydłuża życie!

Ile snu potrzebujemy?

Długo uważano, że najlepiej byłoby spać około ośmiu godzin. Ponad dziesięć lat temu szeroko zakrojone amerykańskie badania dowiodły jednak, że:

optymalna długość snu wynosi średnio siedem godzin

Zaskakujące okazało się przy tym, że dla zdrowia ryzykowne jest zarówno zbyt długie spanie, jak i za mało snu. Prawdopodobieństwo przedwczesnej śmierci było równie wysokie u tych, którzy spali osiem godzin lub więcej, co u tych, którzy spali sześć godzin lub mniej w nocy.

Szwedzkie badania obejmujące 70 tysięcy kobiet pokazały, że zarówno u śpiących krótko, jak i u tych, które śpią długo, występuje podwyższone ryzyko przedwczesnej śmierci, szczególnie jeśli nie są to osoby aktywne fizycznie. Śmiertelność wśród tych, którzy śpią długo, ale pozostają aktywni, nie jest jednak wyższa niż u śpiących tylko siedem godzin. Innymi słowy: negatywne skutki długiego spania zostają zredukowane przez aktywność fizyczną.

Wiek jest czynnikiem, który należy wziąć pod uwagę, kiedy się mówi o potrzebie snu. W ciągu naszego życia obniża się zapotrzebowanie na sen – jest ono największe u dzieci i młodych ludzi. Dwudziestolatek potrzebuje około ośmiu godzin snu, ale z czasem jego potrzeby się zmniejszają i w wieku sześćdziesięciu lat wystarcza mu już tylko około sześciu godzin.

Utnijcie sobie drzemkę

Badanie przeprowadzone wśród 24 tysięcy osób wykazało, że u tych, którzy śpią w ciągu dnia, występuje prawie o 40 procent niższe ryzyko wystąpienia chorób krążenia ze skutkiem śmiertelnym. Dobrze jest zrobić sobie drzemkę w środku dnia (optymalne wydaje się około dwudziestu minut snu), żeby wieczorem nie mieć problemów z zaśnięciem.

Rady na dobry sen

Rytuały związane ze snem

Wypracujcie pewne wyraźne rytuały. Spróbujcie każdego dnia budzić się i chodzić spać o tej samej porze. Tym sposobem wesprzecie swój zegar biologiczny i wzmocnicie organizm.

Światło dzienne

Przebywajcie na zewnątrz wystawieni na działanie światła dziennego (najlepiej rano i przed południem). Wtedy obniży się u was produkcja hormonu snu – melatoniny, a wasz organizm przestawi się na tryb dzienny i na aktywność. To wspomoże wasz zegar biologiczny i sprawi, że później, gdy już zapadnie wieczór i zrobi się ciemno, produkcja hormonu snu rozpocznie się na nowo.

Ruch

Ruch uwalnia redukujące stres endorfiny, które ułatwiają zasypianie wieczorem i poprawiają jakość snu. Unikajcie jednak aktywności fizycznych tuż przed samym pójściem do łóżka.

Zwolnijcie tempo

Zacznijcie wieczorem stopniowo zwalniać tempo już dobrą chwilę przed położeniem się spać. Odłóżcie na bok komputer i telefon. Postarajcie się unikać tego, co może spowodować u was stres. Spiszcie rzeczy,

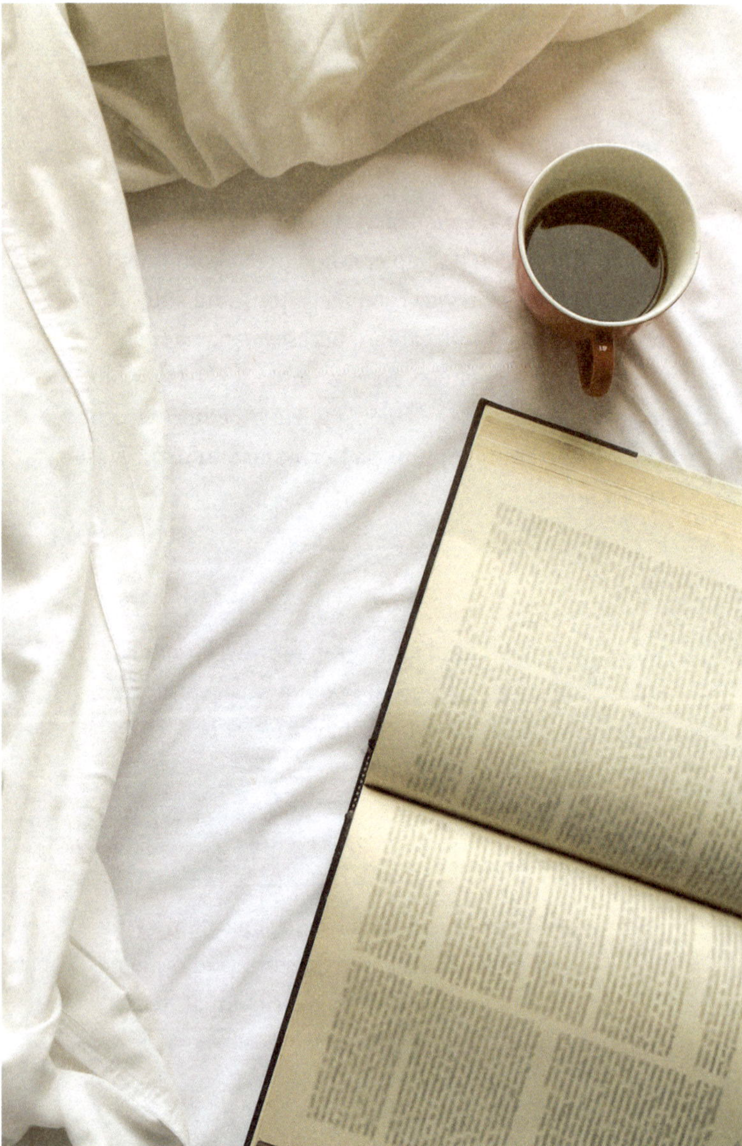

o których musicie pamiętać następnego dnia, wtedy będzie wam łatwiej przestać myśleć o tym, co jeszcze macie do zrobienia. Dobrze jest poświęcić się jakimś spokojnym czynnościom, nie czytajcie na przykład zbyt emocjonującej książki. Wyćwiczcie zdolność odprężania się przed pójściem spać. Postarajcie się, żeby łóżko było dla was strefą wolną od pracy.

Dobre warunki snu

Przewietrzcie sypialnię, a potem połóżcie się do pięknego łóżka w cichym, chłodnym i zaciemnionym pokoju. Ciemność wysyła sygnały do mózgu, że zapadła już noc, i stymuluje wydzielanie melatoniny.

Uważajcie z kofeiną i alkoholem

Kofeina i alkohol zakłócają sen. Czas połowicznego rozpadu kofeiny wynosi od sześciu do ośmiu godzin. Oznacza to, że jeśli po południu wypijecie dwa kubki kawy, to wieczorem wasz organizm będzie nadal pod wpływem kofeiny równym oddziaływaniu jednego kubka kawy. Tyle może wystarczyć, żeby utrudnić wam zasypianie. Jeśli chodzi o alkohol, to może on wprawdzie ułatwić samo zasypianie, ale potem będzie mocno zaburzał sen. Przy wchłanianiu alkoholu dochodzi w organizmie do pewnego niepokoju, co sprawia, że człowiek budzi się co rusz, a jakość jego snu się pogarsza.

Chrapanie – sygnał ostrzegawczy

Około 10 procent tych, którzy regularnie chrapią, ma również zaburzenia oddychania w czasie snu (zespół bezdechu sennego). Oznacza to całkowite zwężenie się gardła na krótki czas.
Zaburzenia oddychania mogą trwać od kilku sekund do jednej minuty.

Chrapanie, a przede wszystkim zespół bezdechu sennego odpowiadają za kiepski sen, co również obniża jakość naszego życia. Wtedy w ciągu dnia możemy odczuwać nadzwyczajne zmęczenie i mogą wystąpić problemy z pamięcią i koncentracją.

Zespół bezdechu sennego może być symptomem wielu poważnych chorób. Obniżona zawartość tlenu we krwi sprawia, że serce jest zmuszone ciężej pracować i wzrasta poziom hormonów stresu oraz ciśnienie krwi. Ta przypadłość, jeśli jest nieleczona, ma szkodliwy wpływ na organizm, a w dalszej perspektywie prowadzi do ciężkich powikłań, między innymi do chorób układu krążenia, udaru mózgu, nadciśnienia, cukrzycy i astmy. Poza tym osoby z zespołem bezdechu sennego z powodu zmęczenia narażone są sześć–siedem razy częściej na ryzyko spowodowania wypadku samochodowego.

Kilka dobrych rad

- Spróbujcie spać na brzuchu albo na boku.
- Przetestujcie środki udrażniające drogi oddechowe (plastry na nos przeciwko chrapaniu, plastikowe klipsy na nos).
- Przy przeziębieniu używajcie udrażniających kropli do nosa.
- Unikajcie alkoholu, tytoniu i proszków nasennych.
- W przypadku nadwagi spróbujcie obniżyć swoją wagę.

4

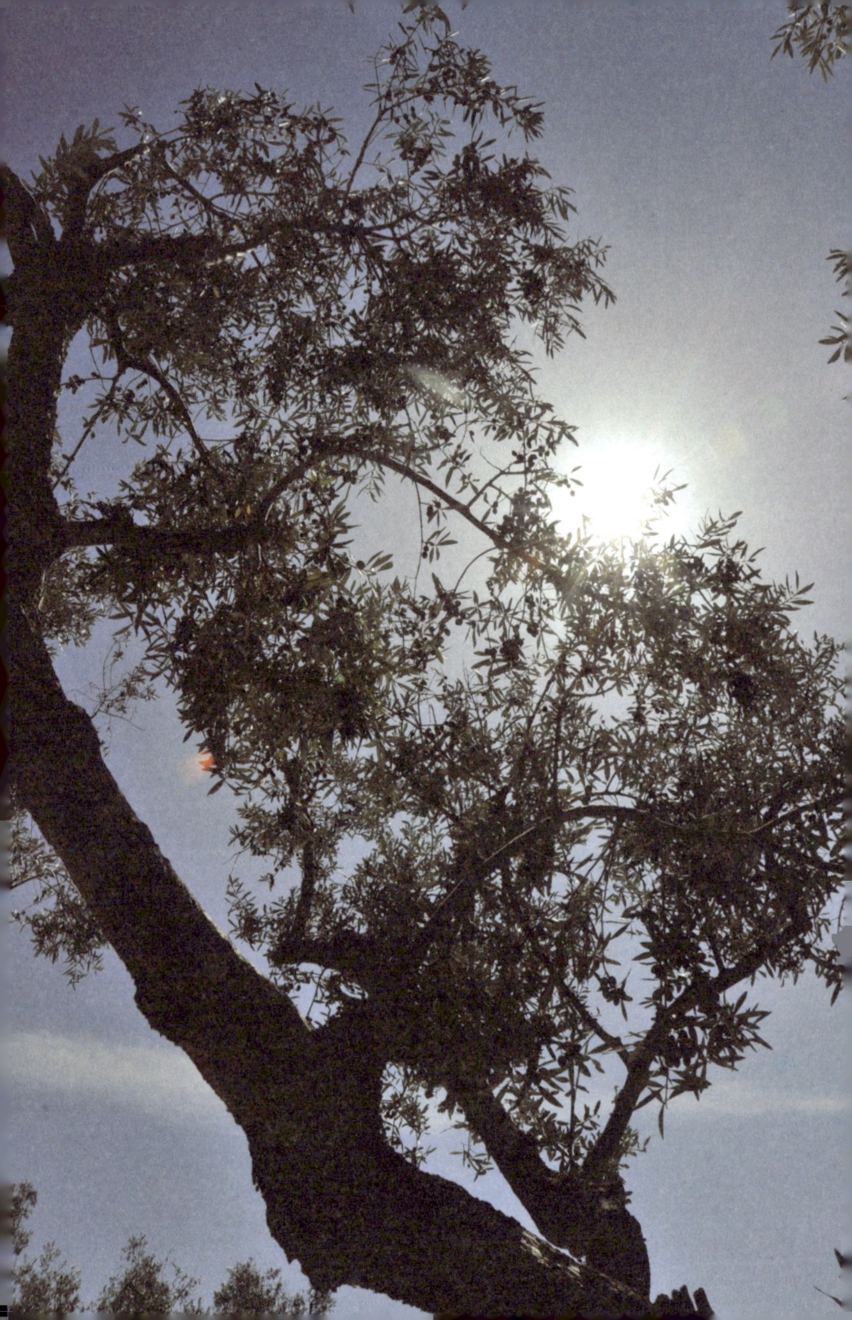

Opalajcie się – ale z umiarem

Słońce i witamina D

Kiedy przebywamy na świeżym powietrzu, jesteśmy wystawieni na działanie promieni ultrafioletowych, które emituje słońce: UV-A i UV-B. To właśnie podczas bezpośredniej ekspozycji komórek skóry na światło słoneczne, pod wpływem promieni UV-B, powstaje w organizmie witamina D.

Słońce jest niezbędnym elementem w procesie produkcji witaminy D w naszym organizmie. Poza tym przyjmujemy sporo tej witaminy razem z pokarmem, na przykład jedząc tłuste ryby (łososia, śledzia, makrelę, węgorza), jajka i pijąc wzbogacone o witaminę D mleko. Co ciekawe, krótka chwila na słońcu w lecie dostarcza nam tyle samo witaminy D co piętnaście szklanek mleka!

W półroczu zimowym na ogół nie wytwarzamy witaminy D przy udziale słońca, dlatego należy ją wtedy przyjmować wraz z pokarmem, inaczej grozi nam jej niedobór. Jak dowiedziono, wiele chorób, między innymi rak i stwardnienie rozsiane, występuje częściej w krajach, w których brakuje słońca, na przykład w Szwecji.

Jakie korzyści przynosi witamina D?

Witaminę D można uznać za cudowny związek chemiczny, który jest nam potrzebny, aby wiele różnych funkcji organizmu mogło przebiegać prawidłowo. Wpływa ona korzystnie na system nerwowy i szkielet, ponieważ przeciwdziała rzeszotowieniu kości. Reguluje równowagę hormonalną i prowadzi do lepszego wchłaniania minerałów oraz innych ważnych substancji przez jelita. Co więcej, witamina D aktywuje i wzmacnia system odpornościowy, przyczynia się do „wyciszania" stanów zapalnych i chroni nas przed długą listą chorób, wśród których znajdują się na przykład:

- różnego rodzaju choroby nowotworowe,
- stwardnienie rozsiane,
- cukrzyca,
- choroby reumatyczne,
- depresja,
- łuszczyca,
- osteoporoza,
- infekcje,
- demencja,
- zakrzepy w kończynach dolnych.

JAK POKAZAŁY BADANIA

W przeprowadzonym w południowej Szwecji badaniu obserwowano 29 tysięcy kobiet poniżej dwudziestego roku życia i porównywano ich zwyczaje związane z opalaniem się oraz występowanie u nich różnego rodzaju chorób, a także przyczyny śmierci. Okazało się, że kobiety, które w większym stopniu unikały słońca, częściej niż inne chorowały na cukrzycę i zakrzepicę, w związku z czym dwadzieścia lat po rozpoczęciu badania śmiertelność była wśród nich dwukrotnie wyższa niż w przypadku kobiet, które lubiły się opalać. W odniesieniu do chorób układu krążenia i powodowanej przez nie śmierci unikanie opalania zostało uznane za równie znaczący czynnik ryzyka co palenie, siedzący tryb życia i nadwaga.

W innym badaniu naukowcy – między innymi ze sztokholmskiego Instytutu Karolinska – przeanalizowali informacje o czterech milionach pacjentów z trzynastu krajów. Państwa podzielono na te z dużą ilością słońca (na przykład Hiszpania, Australia i Singapur) i z małą ilością słońca (na przykład Szwecja i pozostałe kraje nordyckie, Kanada). Wniosek był taki, że u mieszkańców krajów z większą ilością słońca ryzyko wielu chorób nowotworowych, między innymi raka żołądka, odbytnicy, nerek, pęcherza moczowego, prostaty, piersi i płuc, jest wyraźnie niższe niż u pozostałych badanych: zmniejsza się średnio o ponad 50 procent. Prawdopodobnej przyczyny tak sensacyjnych rezultatów upatruje się w tym, że to właśnie słońce stymuluje produkcję witaminy D w organizmie.

Witamina D ze słońca

Opalenizna jest czymś pożądanym i wiele osób stawia sobie latem za cel, żeby się opalić na brązowo. Nie potrzeba nam jednak wcale tak dużo promieni UV, żeby nasz organizm wyprodukował wystarczającą ilość witaminy D.

Latem w Szwecji wystarczy wystawić twarz i ręce na słońce tylko na chwilę w ciągu dnia, a dzienne zapotrzebowanie na witaminę D zostanie pokryte. Bliżej równika – tam, gdzie promieniowanie UV jest silniejsze – wystarczy jeszcze krótsza ekspozycja. Innymi słowy: żeby dostarczyć organizmowi dostateczną ilość witaminy D, nie musimy wcale smażyć się godzinami na słońcu. Takim postępowaniem zwiększamy tylko ryzyko pojawienia się zmarszczek, a w najgorszym razie nowotworów skóry. Więcej słońca nie jest równoznaczne z większą ilością witaminy D, ponieważ wraz z zaspokojeniem potrzeb organizmu skóra przestaje ją produkować.

Witamina D z pożywienia

Ponieważ przy niskim położeniu słońca nad ziemią promienie UV-B zostają zatrzymane w atmosferze, w znaczącej ilości witaminę D produkujemy w praktyce tylko w półroczu letnim: od kwietnia–maja do sierpnia–września. W związku z tym my, którzy mieszkamy

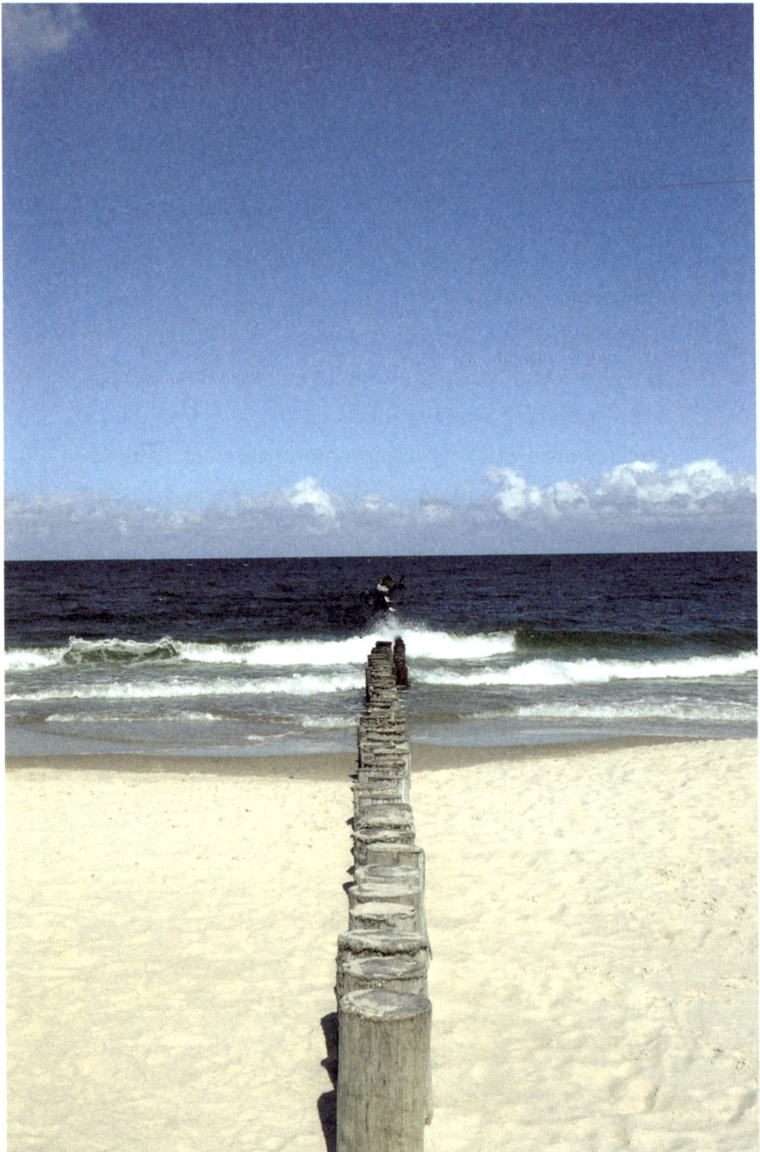

na Północy, nie jesteśmy w stanie produkować w półroczu zimowym naturalnej witaminy D ze słońca.

Jej niedobór może doprowadzić do skrócenia naszego życia. Witamina D jest przy tym jedną z niewielu witamin, w przypadku których faktycznie istnieje ryzyko, że będziemy mieli jej za mało. Dlatego dodatkowy „zastrzyk" witaminy D w zimie wyjdzie na dobre naszemu zdrowiu. Jeśli będziecie stosować się do zaleceń, nie ma obaw, że dojdzie do przedawkowania. Wysokie ilości przyjmowane w krótkim czasie mogą za to dać objawy zatrucia.

W krajach znajdujących się na naszej szerokości geograficznej zaleca się dzieciom i dorosłym przyjmowanie 10 mikrogramów/400 j.m. (j.m. = jednostka międzynarodowa) dziennie witaminy D. Osoby starsze, powyżej siedemdziesiątego piątego roku życia, powinny podwoić dawkę do 20 mikrogramów/800 j.m. na dzień. Nasz organizm przechowuje wyprodukowaną latem witaminę D przez kilka jesiennych tygodni, później jednak jej ilość zaczyna się zmniejszać. Dlatego dobrze jest zacząć ją przyjmować już od jesiennego zrównania dnia z nocą, a skończyć na wiosnę, kiedy dzień znowu zrówna się z nocą.

Rady dotyczące opalania

Latem opalajcie się codziennie. Na naszej szerokości geograficznej słońce jest produktem deficytowym, więc trzeba uzupełniać zapasy witaminy D. Nie musicie wcale leżeć rozebrani na plaży, żeby korzystać ze słońca. Będzie ono miało taki sam zbawienny efekt, kiedy popracujecie w ogrodzie, pójdziecie na spacer albo poleżycie w hamaku w szortach i koszulce.

Aby mieć pewność, że dostarczacie organizmowi dzienną porcję tej jakże ważnej witaminy, powinniście się opalać przez piętnaście–dwadzieścia minut bez żadnej ochrony. Kremy z filtrem hamują przenikanie promieni UV-B i dlatego po ich zastosowaniu, z grubsza rzecz ujmując, witamina ta w ogóle się nie wytwarza w organizmie. Opalajcie się w ciągu dnia, bo słońce stojące wysoko na niebie zapewnia najwięcej witaminy D. Jeśli pracujecie przez cały dzień w budynku, pamiętajcie, żeby wyjść na dwór w porze lunchu. Połączcie to ze spacerem i kawą wypitą na słońcu.

Jeśli macie zamiar przebywać na słońcu dłużej niż dwadzieścia minut, powinniście używać kosmetyków przeciwsłonecznych – pamiętajcie: nie wolno się poparzyć. Unikajcie brania prysznica i używania mydła bezpośrednio po opalaniu, ponieważ wtedy zmyjecie z siebie witaminę D, która rozpuszcza się w tłuszczach. Wchłonięcie jej ze skóry do organizmu zajmuje kilka godzin.

Używajcie okularów przeciwsłonecznych, żeby chronić oczy przez promieniowaniem UV i obniżyć ryzyko zaćmy.

Zimą dobrym „zastrzykiem" witaminy D będzie wyjazd na wakacje do ciepłych krajów.

Opalanie jest bardziej pożyteczne niż szkodliwe

Opalanie wzmacnia zdrowie i chroni przed wieloma chorobami. Profesor Edward Giovannucci z Harvardu stwierdził już w 2005 roku:

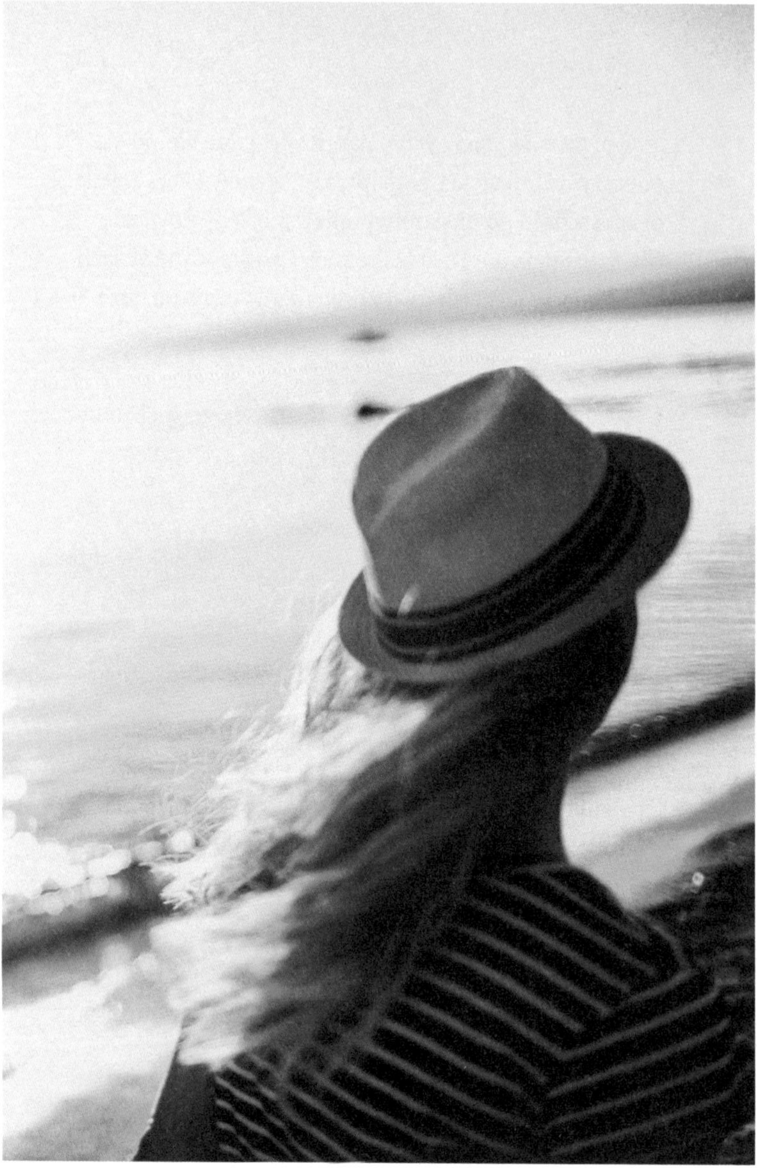

Na każdą osobę, która umiera z powodu raka skóry, przypada trzydzieści, które umierają z powodu niedoboru witaminy D.

Jednak sprawdzi się to tylko pod warunkiem, że będziecie się opalać mądrze i nie dopuścicie do poparzenia słonecznego. Prawdopodobieństwo rozwinięcia się czerniaka w późniejszym wieku wzrasta, gdy ktoś poparzył się słońcem w dzieciństwie. Jeśli należycie do grupy ryzyka narażonej na raka skóry, powinniście zachować szczególną ostrożność, wystawiając się na działanie promieni słonecznych. Czynnikami ryzyka są między innymi: włosy blond lub rude, piegi, liczne wrodzone znamiona lub występowanie nowotworów skóry w rodzinie. W takich okolicznościach lepiej przed słońcem chronić się ubraniami, niż używając kremów ochronnych. Jeśli chodzi o dzieci, powinno się zawsze uważać z ich ekspozycją na światło słoneczne.

5

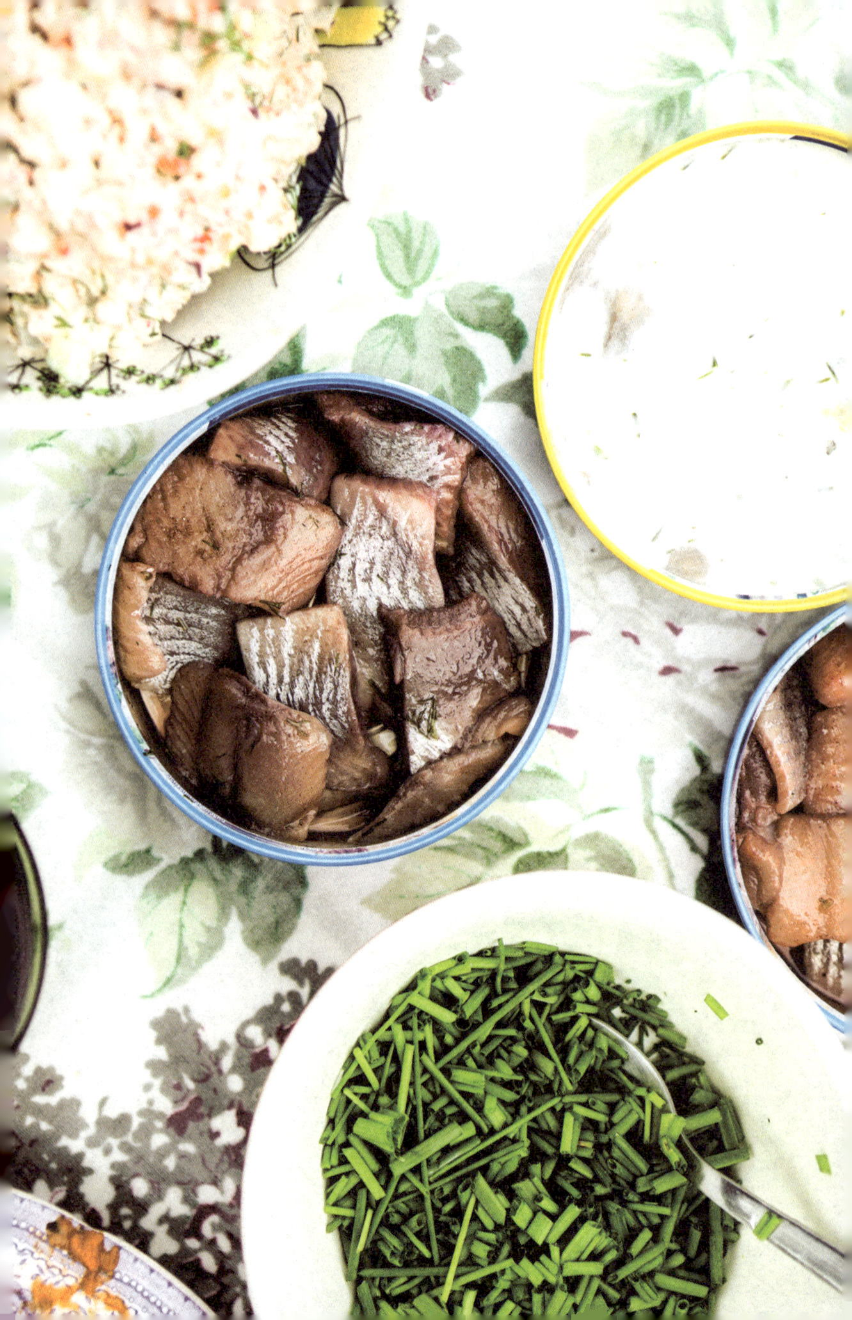

Odżywiajcie się zdrowo

W ciągu ostatnich piętnastu lat opublikowano setki tysięcy nowych badań na temat odżywiania. Mimo to wiele rzeczy wciąż pozostaje niepewnych, a porady zmieniają się co rusz. Wynika to z trudności związanych z przeprowadzaniem i interpretowaniem tego typu analiz.

W tej masie informacji przewijają się jednak opinie, co do których naukowcy są zgodni. Jasne jest między innymi to, że niektóre produkty spożywcze bezsprzecznie mają wpływ na nasze zdrowie, względnie chorobę. Maksyma: „Jesteś tym, co jesz", okazuje się więc coraz bardziej trafna. Odżywiając się we właściwy sposób, będziecie żyć dłużej i zdrowiej.

Żywność może zarówno chronić przed zapaleniem, jak i je powodować

We wstępie opisałem, jak podstępne stany zapalne szkodzą naszym organizmom i wywołują między innymi infekcje, nowotwory, choroby układu krążenia, cukrzycę i demencję. Badania z ostatnich lat pokazały, że pewien typ produktów spożywczych powoduje nasilone stany zapalne w organizmie, ponieważ wzrasta wtedy liczba wolnych rodników.

> *Żywność może również wzmacniać nasz – jakże ważny – układ odpornościowy i chronić przed zapaleniem, a nawet je wyleczyć.*

Chodzi tutaj o:
1. antyoksydanty (przeciwutleniacze),
2. kwasy omega-3 i omega-6 w dobrych proporcjach,

3. produkty spożywcze z niskim indeksem glikemicznym (IG),
4. błonnik i probiotyki.

1. Antyoksydanty

Nasze pożywienie zawiera coś, co nazywamy antyoksydantami. Jako przeciwutleniacze działa wiele substancji, choćby witaminy A, B5, C i E, ryboflawina oraz selen. Nawet miedź, mangan i cynk pełnią ważną funkcję, ponieważ między innymi wchodzą w różne związki, dając efekt antyoksydacyjny. Te rozmaite typy przeciwutleniaczy pracują wspólnie jako jedna drużyna i dlatego dla uzyskania pełnego rezultatu trzeba przyjmować wszystkie ich rodzaje.

Ciało może samo wytworzyć antyoksydanty, ale ich produkcja spada po dwudziestym piątym roku życia, dlatego trzeba je dostarczać z jedzeniem i piciem.

Antyoksydanty zajmą się wolnymi rodnikami

Wolne rodniki atakują i uszkadzają komórki organizmu, zaburzają ich funkcje oraz przyczyniają się do starzenia i różnego rodzaju chorób. Antyoksydanty działają jak strażnicy, którzy tropią powstałe w organizmie wolne rodniki i unieszkodliwiają je. Dopóki ich liczba jest wystarczająca, dopóty liczba wolnych rodników w organizmie utrzymuje się na niskim poziomie.

Antyoksydanty chronią nawet przed groźnymi genami

Według innego emocjonującego odkrycia antyoksydanty decydują również o tym, czy jakiś gen, który w sobie mamy, zapoczątkuje chorobę, czy też nie. Dzisiaj wiadomo, że pewne geny niosą ze sobą ryzyko chorób, między innymi cukrzycy, choroby Parkinsona, choroby Alzheimera i różnych typów nowotworów. Niewielu jednak wie, że jeśli te geny nie zostaną aktywowane, nie muszą wcale oznaczać problemów. Takim potężnym czynnikiem aktywującym są właśnie wolne rodniki. Więc skoro dzięki chroniącym nas antyoksydantom ataki wolnych rodników zostaną powstrzymane, geny mogą pozostać pasywne i nieszkodliwe.

W jakim pokarmie znajdują się antyoksydanty?

Całą masę antyoksydantów zawierają owoce. Jedzcie te, które najbardziej wam smakują i na które akurat jest sezon. Wybierajcie owoce w różnych kolorach na wzór tęczy, a będziecie dostarczać organizmowi dużych ilości różnych antyoksydantów (patrz tabela 2).

Uważajcie na tuzin owoców i warzyw (zwany parszywą dwunastką; ang. *dirty twelve*), które zawierają tyle środków ochrony roślin (pestycydów), że powinno się je konsumować wyłącznie, jeśli pochodzą z upraw eko-

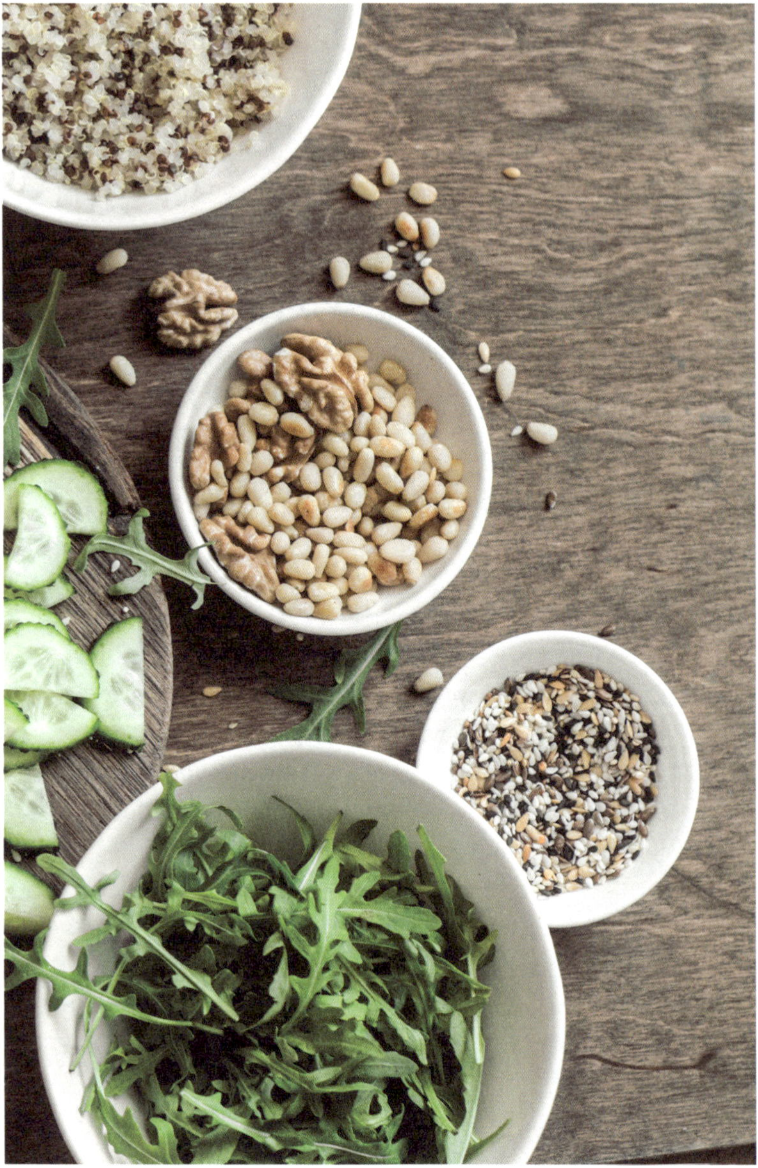

logicznych. W tabelach 2 i 3 oznaczono je jako „eko".
(Do parszywej dwunastki należą też ziemniaki, ale nie znalazły się na poniższych listach zalecanych warzyw z antyoksydantami). Jeśli nie macie dostępu do ekologicznych odpowiedników, lepiej kupcie jakiś inny, niezatruty owoc albo warzywo. Czasem warzywa i owoce są też sprzedawane pod postacią mrożonek, co stanowi dobry wybór. Suszone owoce również są efektywnym sposobem na przyjmowanie antyoksydantów.

Tabela 2

Lista zalecanych owoców			
agrest	aronia	banan	borówka czerwona (brusznica)
brzoskwinia	cytryna	daktyle	granat
grejpfrut	gruszka	jabłka	jagody goi
jagody (czarne)	jeżyny	kiwi	maliny
morele	nektarynki (eko)	pomarańcze	porzeczki (czarna)
rodzynki	rokitnik zwyczajny	śliwki	truskawki (eko)
winogrona ciemne (eko)	wiśnie	żurawina	

Jeśli chodzi o warzywa, to objadajcie się różnokolorowymi jarzynami przy każdym posiłku. Wybierajcie z listy zalecanych produktów te, które zawierają sporo antyoksydantów (patrz tabela 3).

Tabela 3

Lista zalecanych warzyw			
awokado	bataty	brokuły	brukselka
buraki czerwone	cebula, czosnek	fasola	groch
jarmuż	kabaczek	kalafior	kapusta (biała)
marchewka	melon	bakłażan	ogórek (eko)
papryka (czerwona) (eko)	pomidory (eko)	rabarbar	sałata liściasta
sałata lodowa	seler (eko)	szpinak	zielony groszek (eko)

Ile powinno się jeść warzyw i owoców?

Wyznaczcie sobie cel: będziecie jedli warzywa i owoce do każdego posiłku. Odpowiednie dzienne spożycie powinno wynieść pięćset–siedemset gramów (np. trzy–

cztery owoce i dwie–trzy porcje warzyw). Żeby rzeczywiście tyle ich zjadać, czasem dobrze jest użyć wagi.

Dla większości osób będzie to wyzwanie, bo obecnie na przykład tylko dwóch na dziesięciu Szwedów spożywa takie ilości! Nie bójcie się próbować nowych owoców i warzyw, świeżych lub mrożonych, sklepy oferują szeroki wybór w tym zakresie.

Unikajcie podgrzewania

Większość antyoksydantów ginie w temperaturze 30–100°C. Podgrzewanie żywności, na przykład w kuchence mikrofalowej, eliminuje prawie wszystkie przeciwutleniacze. Więc jeśli to możliwe, wybierajcie dania z woka albo gotowane na parze. Wyjątkiem są tutaj pomidory, które wymagają pewnego podgrzania, aby uwolnić swój antyoksydant (likopen). Sosy pomidorowe, przeciery i pomidory konserwowe są więc lepsze niż surowe.

Wiele przypraw zawiera dużo antyoksydantów (patrz tabela 4).

Tabela 4

Lista zalecanych przypraw			
bazylia	curry	cynamon	gorczyca
goździki	imbir	kardamon	koperek
kumin (kmin rzymski)	kurkuma	mięta	oregano
pieprz cayenne	chili	pieprz czarny	natka pietruszki
rozmaryn	szałwia	tymianek	

Ciekawe jest to, że kurkuma ma najsilniejsze właściwości przeciwzapalne ze wszystkich przypraw. Jest jednym ze składników mieszanki przypraw znanej jako curry (do 20 procent). Na przykład w Indiach, gdzie curry je się codziennie, stwierdzono, że liczba zachorowań na raka jest od pięciu do pięćdziesięciu razy mniejsza (w zależności od typu nowotworu) w porównaniu z mieszkańcami Europy Zachodniej będącymi w tym samym wieku. Nie ma więc co się dziwić, że kurkumę okrzyknięto złotem Azji! Weźcie jednak pod uwagę, że ściany jelit jej nie wchłaniają, o ile nie jest wymieszana z pieprzem albo imbirem. Poza tym kurkumy powinno się unikać podczas ciąży i karmienia piersią. W przypadku przedawkowania tej przyprawy może dojść do wielu skutków ubocznych.

Wspaniały napój z kurkumą (autorstwa profesora Stiga Bengmarka)

1 łyżka kurkumy
1 łyżeczka cynamonu
1/4 łyżeczki chili, pieprzu cayenne lub czarnego pieprzu

Rozróbcie przyprawy z łyżką soku z cytryny, łyżką octu jabłkowego i łyżką oliwy z oliwek albo oleju kokosowego.

Wymieszajcie zaczyn ze stu–dwustu mililitrami soku z czarnej porzeczki (albo mleka owsianego lub wody – sami przetestujcie, co wam najlepiej smakuje) i pijcie raz dziennie. Aby uzyskać lepszy smak, możecie spróbować zastąpić sok na przykład owsianką wymieszaną z musem jabłkowym albo z tymi owocami jagodowymi, które lubicie.

Również orzechy są zdrowe. Zawierają składniki przeciwzapalne i ułatwiają przyswajanie antyoksydantów. Jedzcie garść orzechów dziennie.

Tabela 5

Lista zalecanych orzechów				
nerkowca	laskowe	migdały	orzechy pekan	włoskie

Uważajcie na stare orzechy włoskie, sprawdzajcie datę przydatności. Mogą zawierać większe ilości tłuszczów trans, które niekorzystnie działają na naczynia krwionośne. Najlepiej przechowywać te orzechy w lodówce, ponieważ są wrażliwe na ciepło i światło słoneczne. Przebarwione albo spleśniałe mogą mieć w sobie substancję powodującą raka – afloksynę. Wyrzućcie całe opakowanie!

Siemię lniane jest naprawdę zdrowym nasionem (zawiera antyoksydanty), idealnym, żeby wymieszać je z płatkami śniadaniowymi. Jednak – podobnie jak inne bogate w błonnik produkty spożywcze – u osób z wrażliwymi jelitami może spowodować problemy trawienne. Nie jedzcie więcej niż dwóch łyżek siemienia lnianego dziennie, bo czasem zawiera ono także pewne ilości toksycznego związku cyjanku.

Nie przesadzajcie ze spożywaniem pestek dyni, słonecznika i orzeszków piniowych z powodu zawartych w nich kwasów z grupy omega-6.

Czekolada

W czekoladzie również są przeciwutleniacze. Zalecana jest ciemna czekolada z minimum 70 procent kakao.

JAK POKAZAŁY BADANIA

W dwóch badaniach, których wyniki opublikowano ostatnio, zaobserwowano, że duże spożycie czekolady wiąże się z obniżeniem ryzyka chorób układu krążenia i redukuje zagrożenie udarem mózgu. Zadziwiające było to, że te badania opierały się na spożyciu wszystkich form czekolady! Nadal jednak obowiązuje zasada, że powinno się wybierać taką o zawartości co najmniej 70 procent kakao.

2. Kwasy z grupy omega-3 i omega-6 w prawidłowych proporcjach

Omega-3

Omega-3 to grupa zdrowych nienasyconych kwasów tłuszczowych, których nasz organizm sam nie jest w stanie wyprodukować. Dlatego musimy przyjmować go z pokarmem. Kwasy omega-3, które znajdują się przede wszystkim w rybach i skorupiakach, podnoszą poziom eikozanoidów, czyli substancji przypominających hormony, a te z kolei mają silnie działanie przeciwzapalne (patrz tabela 6).

Tabela 6

Lista zalecanych ryb i owoców morza			
homar	krab	krewetki	łosoś
makrela	mule	pstrąg tęczowy	sardela
śledzie	tuńczyk		

U osób, które jedzą ryby kilka razy w tygodniu, występuje dużo mniejsze ryzyko zachorowań na wiele form nowotworów. Należy jednak zwrócić uwagę, że z upływem czasu głęboko mrożona ryba traci część zawartych w niej kwasów omega-3.

Według szwedzkiego Urzędu do spraw Artykułów Spożywczych rekomendowane jest jedzenie ryb i skorupiaków dwa–trzy razy w tygodniu. Ze względu na wysokie zanieczyszczenie środowiska (rtęć, PCB, dioksyny) odradza się jednak spożywanie ryb dziko łowionych w Morzu Bałtyckim. Toczy się dyskusja, czy powinno się rekomendować łososia hodowlanego, czy też nie. Kwasy omega-3 znajdują się także w olejach, nasionach, orzechach i warzywach (patrz tabela 7).

Tabela 7

Lista zalecanych olejów, nasion, orzechów i warzyw			
awokado	jarmuż	nasiona chia	olej kokosowy
olej lniany	olej rzepakowy	tran	orzechy włoskie
oliwa z oliwek	oliwki	siemię lniane	szpinak

Mięso i produkty mleczne mogą zawierać spore ilości kwasów omega-3, ale tylko jeśli zwierzęta przebywały na świeżym powietrzu i były karmione świeżą trawą. Jajka to także dobre źródło kwasów omega-3, o ile pochodzą od kur z wolnego wybiegu.

JAK POKAZAŁY BADANIA

Duże szwedzkie badanie wykazało, że tłuszcze nienasycone w oliwie z oliwek i oleju rzepakowym obniżają prawdopodobieństwo raka piersi prawie o 50 procent. Wystarczy po prostu zamiast łyżki tłuszczu (margaryny) wziąć łyżkę oliwy albo oleju rzepakowego.

Omega-6

Kwasy omega-6 (między innymi kwas linolowy i arachidonowy) również są zdrowymi nienasyconymi kwasami tłuszczowymi, o ile przyjmuje się je we właściwej ilości. Nasz organizm nie jest w stanie sam ich wytworzyć, dlatego musimy dostarczać je z pokarmem. W epoce prehistorycznej ludzie jedli mniej więcej tyle samo kwasów omega-3 co omega-6 i miało to pozytywny wpływ na ich zdrowie. Jednak w wyniku ewolucji zmieniły się znacząco zwyczaje żywieniowe ludzi i dzisiaj nasze pożywienie zawiera nawet dwadzieścia razy więcej kwasów omega-6 niż omega-3, a w takiej sytuacji kwasy z grupy omega-6 działają zapalnie.

Brak równowagi w przyjmowaniu kwasów tłuszczowych mocno się przyczynia – zdaniem naukowców – do wzrostu liczby stanów zapalnych i obniżenia odporności.

Zwróćcie uwagę, że oznaczenie „ekologiczny" informuje o tym, że produkt nie zawiera środków ochrony roślin, hormonów ani antybiotyków. Mimo to nadal może być bogaty w kwasy omega-6 i mieć mało omega-3. Szukajcie więc oznaczeń „wolny wypas" albo „bogate w kwasy omega-3".

Lista produktów, które należy ograniczać:

wędzony łosoś, frytki, chipsy
wafelki, ciastka, słodycze, jasne pieczywo
majonez, dressing z butelki
olej kukurydziany, słonecznikowy, sojowy, palmowy
tłuszcze utwardzone (trans), margaryna
pestki słonecznika, sezamu, dyni i orzechy piniowe
mięso zwierząt, które nie są z wolnego wypasu
jajka od kur niepewnego pochodzenia

3. Produkty spożywcze z niskim indeksem glikemicznym

Organizm do produkcji energii potrzebuje węglowodanów. Węglowodany dzielą się na szybko- i wolnoprzyswajalne, inaczej proste i złożone. Indeks glikemiczny

(IG) mierzy to, jak szybko poziom cukru we krwi podnosi się po posiłku (patrz wykres 1).

Wybieranie żywności z niskim indeksem glikemicznym, czyli wolnoprzyswajalnych węglowodanów (patrz tabela 8), prowadzi do niskiego/umiarkowanego podniesienia się poziomu cukru we krwi, a przez to insuliny, co sprawia, że w niewielkim stopniu przyczynia się do stanów zapalnych w organizmie.

Produkty spożywcze, które szybko są spalane, czyli węglowodany szybkoprzyswajalne (patrz tabela 9), mają wysoki indeks glikemiczny. Oznacza to, że poziomy cukru i insuliny podnoszą się szybko, co wzmaga stopień nasilenia reakcji zapalnej. Dlatego żywność z wysokim indeksem glikemicznym podwyższa ryzyko między innymi raka, zwapnienia starczego i chorób układu krążenia, a także ma związek z rozwojem cukrzycy i demencji.

Wykres 1. "Szybkie" węglowodany (wysoki IG) powodują skok cukru we krwi. W przypadku "wolnych" węglowodanów (niski IG) cukier podnosi się lekko lub umiarkowanie.

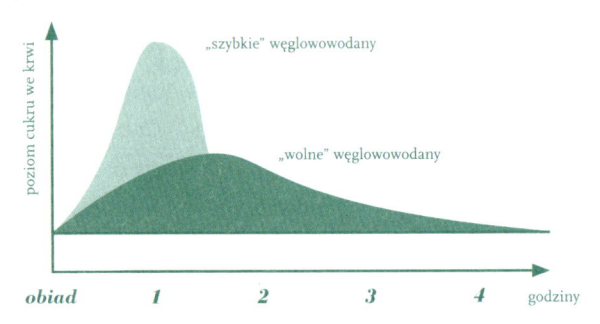

Tabela 8. Produkty spożywcze z wolnoprzyswajalnymi węglowodanami

Lista zalecanych produktów, niski IG
banan (niedojrzały)
brzoskwinie
cebula
chleb pełnoziarnisty, na zakwasie itp.
cytryna
czekolada gorzka (70%)
grejpfrut
groch

gruszki, śliwki
makaron pełnoziarnisty
migdały
morele (świeże i suszone)
orzechy
orzeszki ziemne
owsianka
płatki zbożowe, musli naturalne
jabłka
jogurt naturalny
owoce jagodowe, np. jeżyny, czarne jagody, maliny, borówki
rośliny szparagowe, np. fasola czerwona, soja, fasolka szparagowa, fasola biała
ryż brązowy
soczewica
truskawki
winogrona
wiśnie

Nie kierujcie się ślepo wartościami IG poszczególnych produktów. Z jednej strony wartości w wybranych produktach mogą się zmieniać w zależności od ich zestawienia z innymi, z drugiej liczy się zawsze ogólna wartość IG dla całego posiłku.

Tabela 9. Produkty spożywcze z szybkoprzyswajalnymi węglowodanami

Lista odradzanych produktów
banan (żółty)
chrupki kukurydziane
ciasteczka, ciastka, pieczywo ryżowe
dżemy
gofry
kuskus
lody
lukrecja
marmolada
miód
napoje energetyczne, napoje dla sportowców
napoje gazowane
paluszki słone
pieczywo, np. bagietki, biały chleb, croissanty, chleb tostowy, pieczywo bezglutenowe, bułki do hamburgerów, chrupkie pieczywo, pita, tortille, bułka wrocławska, tosty, drożdżówki
piwo, słodkie wino

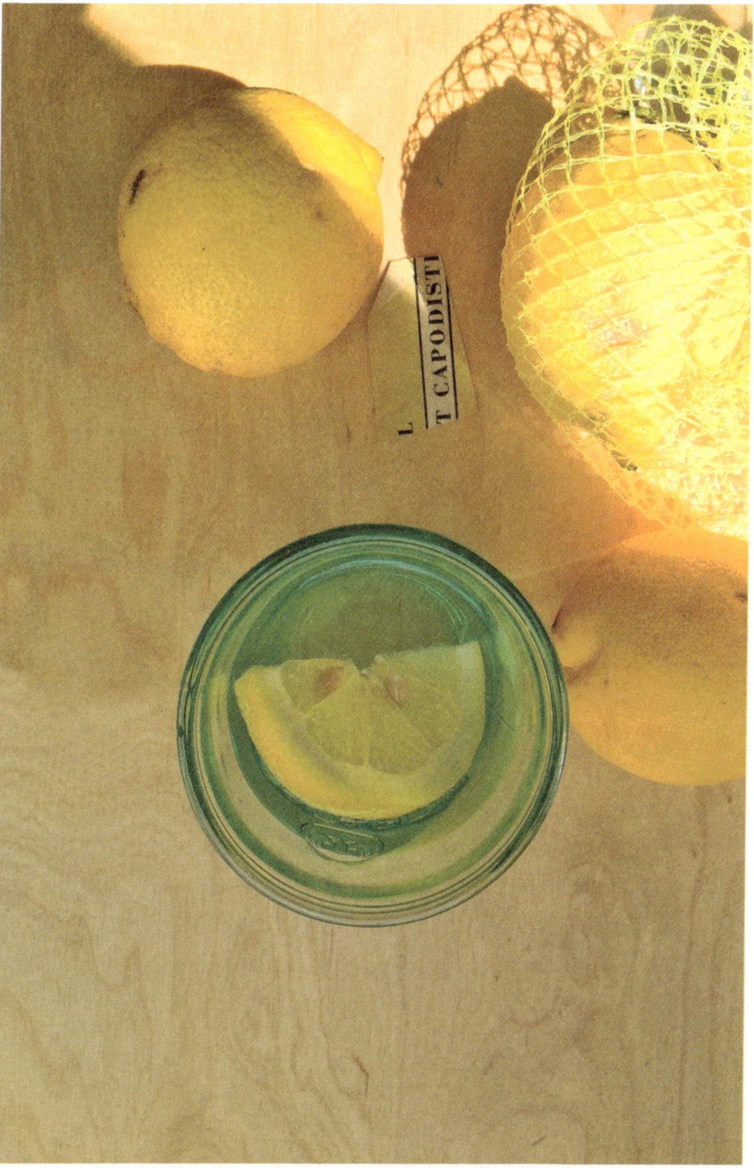

płatki, np. kukurydziane, poduszki owsiane, słodkie płatki dla dzieci, płatki ryżowe, dmuchany ryż
purée ziemniaczane, pieczone ziemniaki, frytki
ryż błyskawiczny
sucharki
słodycze
soki
sorbety
syropy, cukier biały i brązowy
wafle ryżowe
wafelki

4. Błonnik i probiotyki

Błonnik

Błonnik jest węglowodanem, który nie ulega trawieniu w jelicie cienkim, lecz w dużej mierze w niezmienionej postaci dociera do jelita grubego. Niektóre rodzaje błonnika stymulują ruchy jelit, dzięki czemu wzrasta efektywność trawienia pokarmów. Inne pomagają wyrównać poziom cukru i obniżają zawartość tłuszczów we krwi.

W naszych jelitach znajdują się niewyobrażalne ilości pożytecznych bakterii. Wyłapują one ważne substancje z pożywienia i przekazują je organizmowi, żeby czuł się naprawdę dobrze. Jeśli jemy pokarm przyjazny bakteriom, czyli bogaty w błonnik (patrz tabela na s. 118–119), to nasze kochane drobnoustroje współpracują z układem odpornościowym w sposób optymalny.

Większość mieszkańców Zachodu nie je nawet połowy rekomendowanej dziennej dawki błonnika (na przykład trzech kromek ciemnego pieczywa dziennie); tacy ludzie ryzykują zdrowie. Jeśli zwiększymy ilość błonnika, możemy utrzymać swój organizm w dobrym stanie.

JAK POKAZAŁY BADANIA

Przeprowadzone w USA badania, w których przez dziesięć lat obserwowano 75 tysięcy kobiet, wykazały, że spożywanie bogatych w błonnik produktów zbożowych obniża ryzyko chorób układu krążenia.

Większe spożycie błonnika może również zmniejszyć prawdopodobieństwo wystąpienia cukrzycy, nowotworów jelita grubego i odbytnicy oraz raka piersi. Tym samym będziecie mogli żyć dłużej.

Probiotyki

Także codzienne dostarczanie organizmowi probiotyków, czyli pożytecznych kultur bakterii (bakterii kwasu mlekowego: *Lactobacillus acidophilus* i *Lactobacillus bifidus*), dobrze wpływa na florę bakteryjną jelit. Szkodliwe bakterie mogą wydzielać substancje toksyczne, endotoksyny, które przenikają do organizmu i powodują zapalenie. Błonnik i probiotyki chronią nas przed tym: powstrzymują rozwój chorób przewlekłych i wydłużają życie.

Probiotyki znajdują się w kwaśnych produktach spożywczych, takich jak kapusta, kefir, jogurt, ale są też między innymi w cebuli i pomidorach.

Lista zalecanych produktów z błonnikiem

Produkty pełnoziarniste			
kasza bulgur	kasza jaglana	kiełki zbóż	komosa ryżowa
makaron pełnoziarnisty	musli naturalne	pieczywo pełnoziarniste	płatki owsiane
płatki pełnoziarniste	płatki żytnie	ryż brązowy	

Owce, warzywa, nasiona			
banan (niedojrzały)	cebula czerwona	czosnek	fasola
groch	marchewka	rośliny kapustne	por
soczewica	szparagi	siemię lniane	topinambur

Wiele produktów z błonnikiem można spożywać w dużych ilościach, przy jedzeniu innych powinno się zachować umiar. Niestety, takie pożywienie może prowadzić do gromadzenia się gazów, wzdęć i bólu brzucha. Ponieważ jest to reakcją bardzo indywidualną, bo mamy różną wrażliwość na błonnik, trzeba po prostu przetestować to samemu.

Pozostałe rady dotyczące odżywiania

Mięso jest ważnym źródłem protein – ale wybierajcie mądrze

Mięso dostarcza nam białka i wielu składników odżywczych, a co więcej: jest ważnym źródłem żelaza. Badania pokazały jednak, że czerwone mięso (między innymi wołowina, wieprzowina i baranina) zwiększa prawdopodobieństwo zachorowania na raka jelita grubego i odbytnicy. W jeszcze większym stopniu dotyczy to wyrobów wędliniarskich. Nie wiadomo, jaki składnik czerwonego mięsa i wędlin odpowiada za podwyższenie tego ryzyka. Może być to wynikiem współdziałania kilku czynników. W dyskusjach przewijają się między innymi tłuszcze, azotyny, nitrozoaminy, sól, wirusy i forma żelaza występująca w mięsie.

Dobrze zrobicie, wybierając:

- kurczaka, indyka albo inny drób,
- dziczyznę,
- wołowinę z wolnego wypasu.

Ograniczcie spożycie

Obecnie zaleca się spożywanie tylko trzech porcji czerwonego mięsa tygodniowo. Powinno się również ograniczyć spożycie produktów wędliniarskich. Pod tą nazwą rozumie się mięso, do którego dodano azotyny, uwędzono je albo zakonserwowano w inny sposób. Są to na przykład kiełbasy, bekon, salami, wędzona szynka, pasztet czy kaszanka.

Szwedzki Urząd do spraw Artykułów Spożywczych radzi nie jeść więcej niż pięćset gramów czerwonego mięsa i wędlin tygodniowo. Przy czym produkty wędliniarskie powinny stanowić mniejszą część.

Unikajcie produkowanych przemysłowo tłuszczów trans

Naukowcy są co do tego zgodni: tak zwane tłuszcze trans, czyli utwardzone i częściowo uwodornione tłuszcze produkowane przemysłowo, są szkodliwe. W sposób niekorzystny wpływają na poziom tłuszczu we krwi i stanowią istotny czynnik ryzyka wystąpienia chorób układu krążenia i raka.

Tłuszcze trans mają tę dużą zaletę praktyczną, że nie jełczeją, i dlatego są wykorzystywane do produkcji wielu artykułów spożywczych, które mogą stać całymi tygodniami, a nawet miesiącami na półce w sklepie. Ich użycie jest więc motywowane komercyjnie.

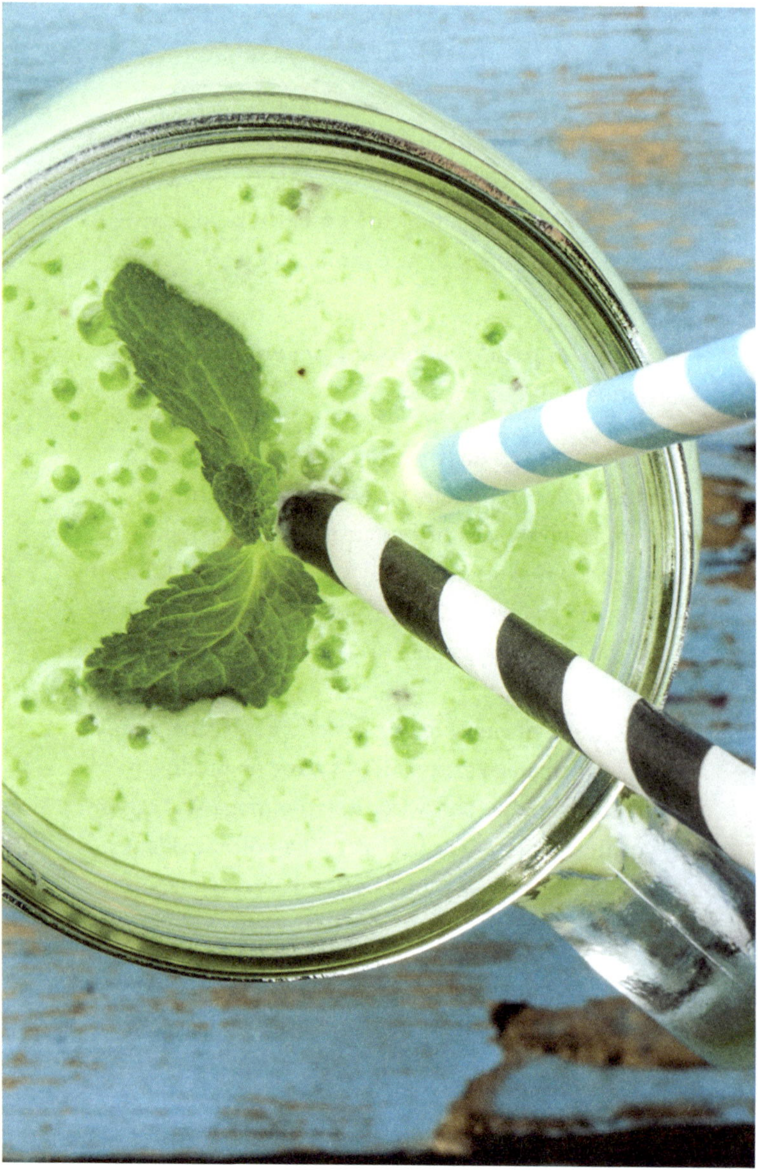

Uważajcie, kupując takie produkty jak ciasta, ciastka, drożdżówki, wafelki, majonez, lody, tarty, pierogi, pizzę, chipsy, pokarmy smażone na głębokim tłuszczu, na przykład frytki.

Aby uniknąć tłuszczów trans, należy czytać etykietki ze składem produktów spożywczych. Warto zrezygnować z żywności, w której tłuszcze są „utwardzone" albo „częściowo uwodornione". Czasem mogą się one kryć także pod nazwą „tłuszcze roślinne". Dobrą strategią jest wybieranie artykułów, w których wyszczególniono, o jaki tłuszcz chodzi, albo zadeklarowano, że nie zawierają one tłuszczów utwardzonych. Uważajcie z importowanymi ciastami i ciastkami, w których zawartość tłuszczów trans może się okazać względnie duża.

JAK POKAZAŁY BADANIA

Po wprowadzeniu w Danii ograniczeń regulujących zawartość produkowanych przemysłowo tłuszczów trans w produktach spożywczych zaobserwowano, że śmiertelność z powodu chorób układu krążenia spadła bardziej niż w innych krajach w tym samym okresie.

Tłuszcz trans – naturalny

Tłuszcz trans można spotkać w formie naturalnej między innymi w orzechach (unikajcie przestarzałych orzechów włoskich!), przetworach mlecznych, wołowinie i baraninie. Nasuwa się pytanie, czy naturalny tłuszcz trans jest równie niebezpieczny co ten wytwarzany przemysłowo. Według szwedzkiego Urzędu do spraw Artykułów Spożywczych tak, ale wielu naukowców ma na ten temat inne zdanie.

Tłuszcz nasycony – dobry czy zły?

Tłuszcz nasycony można znaleźć na przykład w czekoladzie, pieczywie i ciastkach, lodach, tłustym mleku, kefirze, maśle i mieszankach tłuszczów jadalnych opartych na maśle, w oleju palmowym, oleju kokosowym, serze, smalcu, mięsie i wędlinach (na przykład w kiełbasie i bekonie).

Jedzenie tłuszczów nasyconych długo uznawano za szkodliwe, ale ich niskie spożycie niesie ze sobą ryzyko, że zostaną zastąpione szybkoprzyswajalnymi węglowodanami. A to prowadzi do wzrostu poziomu insuliny i stale podniesionego poziomu cukru we krwi, który z kolei odpowiada za stany zapalne w naszym organizmie i przyśpiesza starzenie. Aby poczuć się lepiej i mieć uczucie sytości, powinno się zwiększyć konsumpcję zdrowych tłuszczów i olei.

W ostatnich latach pojawiły się badania dowodzące, że tłuszcz nasycony może nie być wcale aż tak szkodliwy, jak wcześniej zakładano. Niektórzy naukowcy twierdzą na przykład, że należy wybierać masło zamiast margaryny.

Zalecenia dotyczące mleka i produktów mlecznych również się różnią w zależności od tego, którego z badaczy się o to zapyta. Wiele badań wskazuje jednak, że powinno się wybierać kwaśne produkty mleczne, takie jak jogurt czy kefir, zamiast mleka.

Przesłanie „pokarmowe" w skrócie

Jedzcie dużo tego, co zdrowe, resztę jakoś przetrzymacie

Ta rada pochodzi od Petera Nilssona, profesora na uniwersytecie w Lund specjalizującego się w badaniu układu krążenia. Zgodnie z nią, jedząc warzywa do każdego posiłku, dostarczamy organizmowi antyoksydanty, które chronią nas przed wolnymi rodnikami z pozostałych produktów spożywczych. Oznacza to, że nawet jeśli nie przywiązujemy wagi do tego, co jemy, możemy zmniejszyć ryzyko szkód, jeśli jednocześnie będziemy spożywać zdrową żywność.

To samo dotyczy żywności z wysokim IG. Negatywne skutki zostaną zniwelowane, jeśli jednocześnie będziemy jedli produkty spożywcze z niskim IG. Dzięki temu obniży się łączna wartość IG dla całego posiłku. Jeśli połączy się cukier z innymi produktami – szczególnie z warzywami albo pożytecznymi tłuszczami – wydłuży się jego wchłanianie przez organizm, poziomy cukru i insuliny we krwi się wyrównają i obniży się stopień nasilenia reakcji zapalnej.

6

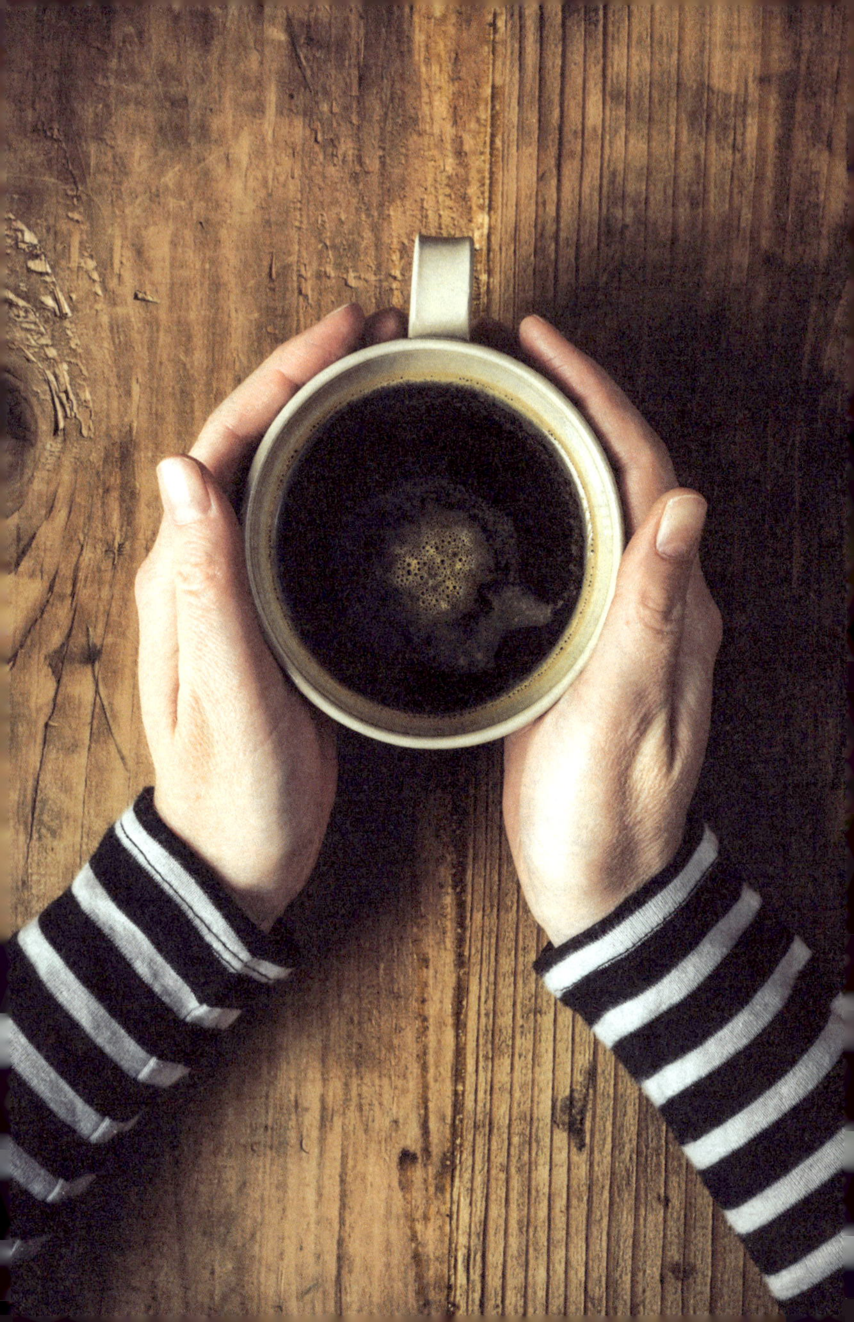

Wybierajcie odpowiednie napoje

Nie tylko pokarm ma znaczenie, jeśli chce się żyć zdrowo i długo. Także to, co pijemy, pomaga zachować dobre zdrowie. Rzecz jasna napojem życiodajnym numer jeden jest woda. Bez jedzenia możemy przeżyć kilkanaście, a nawet kilkadziesiąt dni, lecz bez wody albo innych płynów wytrzymamy zaledwie kilka dni, później pojawią się komplikacje.

Przyjmując wystarczająco dużo płynów, tworzymy zdrowe środowisko wewnętrzne dla całego naszego organizmu. Jeśli codziennie pijemy za mało, prowadzi to do stałego odwodnienia organizmu, o czym świadczą różne symptomy, a rezultatem może być wiele chorób.

Pijąc rekomendowaną dzienną dawkę płynów – półtora litra – zachowamy lepsze zdrowie ogólne.

W dalszej części tego rozdziału omówię przede wszystkim takie napoje jak kawa, herbata i alkohol.

Kawa

W Szwecji pijemy niemal najwięcej kawy na świecie (numerem jeden w tej kategorii jest Finlandia) – i nie ma powodu, żeby to zmieniać. Kawa zawiera zarówno kofeinę, jak i antyoksydanty, a wiele badań pokazało, że jej picie jest korzystne dla zdrowia. Kofeina i antyoksydanty wzmacniają układ odpornościowy i przeciwdziałają stanom zapalnym.

Kubek kawy zawiera sto–sto pięćdziesiąt miligramów kofeiny i jej oddziaływanie utrzymuje się w organizmie przez kilka godzin. Wyjaśnia to, dlaczego niektóre osoby mają trudności, żeby zasnąć wieczorem, jeśli wypiły kawę późnym popołudniem.

Skutki zdrowotne picia kawy w umiarkowanej ilości (trzy–cztery kubki na dzień) zostały poparte wieloma

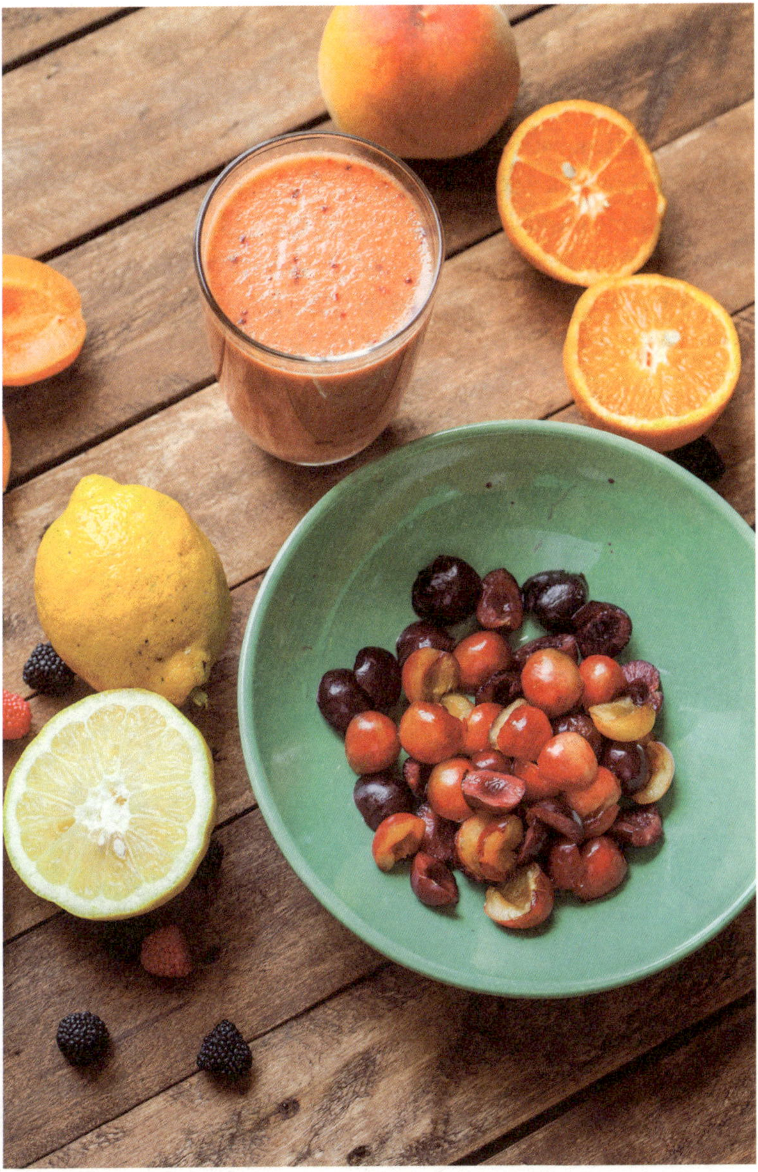

dowodami naukowymi. Dlatego można ją spokojnie zarekomendować, pod warunkiem że lubicie kawę i jej picie nie prowadzi w waszym przypadku do problemów żołądkowych albo innych skutków ubocznych. Uważajcie jednak na „napoje kawowe", które zawierają duże ilości cukru i tłuszczu nasyconego (śmietana, mleko). Pijąc kawę, często też sięga się po coś słodkiego, a to nie przynosi żadnego pożytku organizmowi.

Ponieważ badania wykazały, że nawet kawa bezkofeinowa ma korzystny wpływ na zdrowie, nie do końca wiadomo, jaka substancja odpowiada za pozytywne, prozdrowotne działanie kawy. Prawdopodobnie jednak znaczną część tego oddziaływania można przypisać antyoksydantom.

JAK POKAZAŁY BADANIA

Obniżone ryzyko cukrzycy

W dużym amerykańskim badaniu, w którym przez dwadzieścia pięć lat obserwowano 125 tysięcy osób, zauważono, że niezależnie od tego, jak duże było spożycie kawy u poszczególnych osób przed badaniem, podwyższenie liczby wypijanych dziennie kubków o jeden obniżyło prawdopodobieństwo cukrzycy.

W jeszcze większym badaniu (około 450 tysięcy osób) okazało się, że u tych, którzy piją trzy–cztery kubki kawy dziennie, ryzyko zachorowania na cukrzycę jest o 25 procent mniejsze niż u osób, które w ogóle nie piją kawy albo piją do dwóch kubków dziennie.

Mniejsze ryzyko udaru

W badaniu, w którym obserwowano 80 tysięcy kobiet przez ponad dwadzieścia lat, odkryto, że u tych, które piły dwa–trzy kubki kawy dziennie prawdopodobieństwo udaru mózgu było niemal o 20 procent niższe w porównaniu z kobietami, które rzadziej piły kawę. Co ciekawe, nawet kawa bezkofeinowa obniżała ryzyko udaru, jednak w mniejszym stopniu niż kawa kofeinowa.

Mniejsze ryzyko choroby Alzheimera

Szwedzko-fińskie badanie pokazało, że u osób w średnim wieku, które piją dziennie trzy–pięć kubków kawy, obserwuje się około 60 procent mniejsze ryzyko choroby Alzheimera niż u tych, które piją dwa kubki kawy lub mniej. Zdaniem grupy naukowców przeprowadzających badanie prawdopodobnie daje się to wyjaśnić wysoką zawartością antyoksydantów w kawie, które działają jak ochrona dla mózgu.

Spadek ryzyka choroby Parkinsona

Naukowcy udowodnili, że kofeina może obniżyć ryzyko choroby Parkinsona. U osób, które piły trzy kubki kawy dziennie przez dwadzieścia lat, zaobserwowano o połowę mniej przypadków zachorowania na tę chorobę niż u tych, które tego nie robiły.

Obniżone ryzyko nawrotu raka

Badanie przeprowadzone w Lund (w Szwecji) pokazało, że u kobiet, które piją więcej niż dwa kubki kawy dziennie, mniej prawdopodobny jest nawrót raka piersi. W innym badaniu odkryto, że picie kawy łączy się z rzadszymi nawrotami raka jelita grubego.

Herbata

Herbata (podobnie jak kawa) zawiera kofeinę i ma ogólnie pobudzające działanie. Ilość kofeiny wynosi czterdzieści–pięćdziesiąt miligramów na kubek, czyli mniej więcej połowę tego, co znajduje się w kawie. Dotyczy to czarnej, zielonej i białej herbaty. W herbacie rooibos i herbatach ziołowych nie ma w ogóle kofeiny.

SKANDYNAWSKI SEKRET

Herbata (czarna, zielona i biała) zawiera także sporo antyoksydantów, które przeciwdziałają zapaleniom i chronią układ odpornościowy. Dlatego obniża – podobnie jak kawa – ryzyko udaru mózgu, cukrzycy i chorób układu krążenia. Ilość antyoksydantów w kubku herbaty odpowiada mniej więcej ich zawartości w dwóch jabłkach albo w siedmiu szklankach soku jabłkowego. Herbaty ziołowe nie zawierają z kolei znaczącej liczby antyoksydantów. Przyjmuje się, że yerba mate, która zawiera bardzo dużo antyoksydantów, ale mniejszą ilość kofeiny, ma szczególnie pozytywne działanie zdrowotne.

Alkohol

Na temat alkoholu toczą się spory, bo może zarówno pomóc, jak i zaszkodzić. Uznaje się jednak, że regularne spożycie alkoholu w małych ilościach przyczynia się do zachowania zdrowia i obniżenia ryzyka wystąpienia licznych chorób. Nadmierne spożycie alkoholu może z kolei prowadzić do całej masy przypadłości i przedwczesnej śmierci. Około 10 procent populacji wypija 50 procent konsumowanego alkoholu w Szwecji. To właśnie w tej grupie występują duże problemy związane z negatywnymi skutkami spożycia alkoholu

Jak więc zachować właściwą równowagę? Po pierwsze, trzeba pamiętać, że alkohol nie będzie miał większych skutków prozdrowotnych, jeśli spożywająca go osoba nie osiągnęła jeszcze wieku, w którym wzrasta ryzyko chorób układu krążenia, a więc wieku średniego. Na zdrowie młodszych osób alkohol nie ma żadnego pozytywnego wpływu.

Po drugie, pozytywnym działaniem alkoholu mogą się cieszyć tylko te osoby, które umieją pić z umiarem. Dlatego każdy sam musi zdecydować, czy alkohol

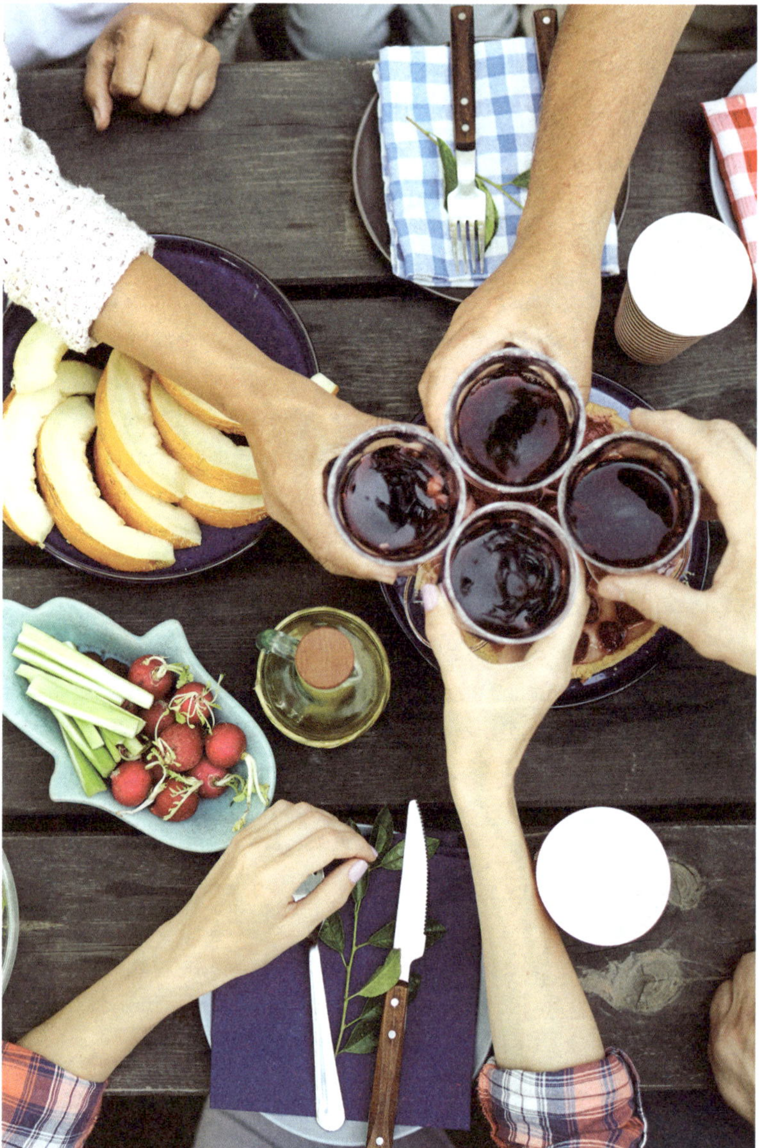

powinien stać się częścią jego prozdrowotnego stylu życia. Picie po to, żeby się upić, niweczy całe pozytywne działanie alkoholu i stanowi ryzyko uzależnienia z idącymi za nim poważnymi konsekwencjami medycznymi i społecznymi.

Jeśli kobieta albo mężczyzna wypiją równie dużo alkoholu, to zazwyczaj ona będzie miała większe jego stężenie we krwi niż on. Wynika to z tego, że alkohol rozcieńcza się w wodzie, którą mamy w ciele. Kobiety ważą przeciętnie mniej od mężczyzn i dlatego mają mniejsze ilości płynów w organizmie. Poza tym alkohol jest rozkładany w wątrobie, która jednocześnie metabolizuje estrogen, żeński hormon płciowy, i dlatego u kobiet trawienie alkoholu przebiega wolniej. Te czynniki potęgują się wzajemnie, co oznacza, że granica między bezpiecznym spożyciem alkoholu a ryzykownym piciem przebiega gdzie indziej u kobiet i mężczyzn.

Uznaje się, że do ryzykownego picia dochodzi, kiedy konsumpcja przekracza	
dla mężczyzn	14 kieliszków wina tygodniowo
dla kobiet	9 kieliszków wina tygodniowo

Ryzykowne ilości spożywane przy jednej okazji	
dla mężczyzn	4 kieliszki wina
dla kobiet	3 kieliszki wina

Aby przeliczyć moc różnych trunków na podane wyżej ilości spożytego wina, przyjmuje się, że: 1 kieliszek wina (150 mililitrów) = 1 mała puszka mocnego piwa (330 mililitrów) = 40 mililitrów mocniejszego alkoholu.

Czy czerwone wino podtrzymuje zdrowie?

Czerwone wino zawiera wiele polifenoli, między innymi „superantyoksydant" – resweratrol. Powstaje on w skórkach i pestkach winogron, które podlegają procesowi fermentacji. Dlatego białe wino, przy produkcji którego usuwa się skórki winogron, nie zawiera aż tyle polifenoli. Resweratrol oddziałuje pozytywnie na geny, które są znane z tego, że chronią zdrowe komórki przed starzeniem i mogą zahamować rozwój komórek nowotworowych. Wino zawiera także inne rodzaje antyoksydantów, które mają działanie przeciwzapalne i w związku z tym chronią układ odpornościowy. Nawet wino bezalkoholowe zawiera antyoksydanty. Uznaje się, że odmiana pinot noir ma najwyższą zawartość resweratrolu, ale na ogół obowiązuje zasada, że im ciemniejsze, mocniejsze i bardziej wytrawne wino, tym więcej jest w nim antyoksydantów. Tak więc nie bez powodu we Francji wznosi się toasty czerwonym winem, mówiąc: *à votre santé* – „za wasze zdrowie!".

JAK POKAZAŁY BADANIA

Obniżone ryzyko chorób układu krążenia

W wielu dużych badaniach zaobserwowano, że regularne spożywanie przez osoby w wieku średnim lub starsze niewielkiej bądź umiarkowanej ilości alkoholu istotnie zmniejsza ryzyko zachorowania albo śmierci z powodu chorób układu krążenia.

W raporcie szwedzkiej Państwowej Agencji Oceny Technologii Medycznej stwierdzono, że osoby, które mają cukrzycę i regularnie spożywają umiarkowane ilości alkoholu, rzadziej cierpią na choroby układu krążenia i rzadziej z tego powodu umierają niż te, które alkoholu w ogóle nie piją.

Mniejsze ryzyko cukrzycy

W fińskim badaniu, które obejmowało ponad 11 tysięcy par bliźniaków, zauważono, że po dwudziestu latach w wyniku umiarkowanej konsumpcji (na przykład jednego–dwóch kieliszków wina dziennie) ryzyko zachorowania na cukrzycę zmniejszyło się o 30 procent u mężczyzn i o 40 procent u kobiet w porównaniu z tymi, którzy nie piją w ogóle.

Obniżone ryzyko chorób reumatycznych

W skandynawskim badaniu zauważono obniżenie ryzyka chorób reumatycznych u tych, którzy regularnie piją alkohol, w porównaniu z tymi, którzy tego nie robią, o 40–50 procent.

Wnioski

Umiarkowane picie alkoholu (najlepiej czerwonego wina) z dużym prawdopodobieństwem ma działanie zdrowotne w przypadku osób w wieku średnim i starszych. Jednakże pojawiają się też raporty kwestionujące pozytywne skutki płynące ze spożywania alkoholu.

Innymi słowy: konieczne są dalsze badania, żeby móc stwierdzić coś z całą pewnością.

Tak czy owak regularne spożywanie alkoholu może się okazać nie najlepszym pomysłem, ponieważ nawet niewielkie lub umiarkowane picie wiąże się z ryzykiem uzależnienia. Trzeba więc uważnie obserwować swój stosunek do alkoholu.

Jeśli jesteście abstynentami, nie powinniście zaczynać pić tylko po to, aby zmniejszyć ryzyko chorób. Biorąc pod uwagę ciemne strony spożycia alkoholu, jest na pewno wiele mniej ryzykownych sposobów ochrony zdrowia.

Spożycie ryzykowne i nadużywanie alkoholu są zawsze szkodliwe i przyczyniają się do całej masy chorób, a nawet do przedwczesnej śmierci.

7

0,5

600 700 800

400

300

200

100

0

900

800

700

600

3 kg
à 10

Utrzymywanie wagi pod kontrolą

Sprawą, która dotyczy wielu ludzi, a zarazem stanowi dość drażliwy temat, jest wzrost wagi. Istnieje bardzo duża oferta poradników na temat odchudzania i artykułów prasowych o różnego rodzaju dietach. Ale mimo tych wszystkich informacji o odżywianiu, produktach spożywczych i problemach zdrowotnych, które wiążą się z nadwagą, ludzie na świecie stają się coraz bardziej otyli.

Nadwaga może wywołać stany, które przyśpieszają starzenie się organizmu. Podobnie jak otyłość powoduje ona wzrost liczby stanów zapalnych, co wynika z następującego faktu: zmieniona flora bakteryjna w jelitach przyczynia się do tego, że więcej trujących substancji (endotoksyn) odpowiedzialnych za powstawanie zapalenia roznosi się po organizmie. Prowadzi to między innymi do nadciśnienia, cukrzycy i chorób układu krążenia. Przy nadwadze większe jest nawet ryzyko zachorowania na nowotwory.

Trendy dietetyczne nie są rozwiązaniem

Szwedzki Główny Urząd do spraw Opieki Zdrowotnej i Społecznej oraz Państwowa Agencja Oceny Technologii Medycznej stwierdziły, że nie ma idealnej diety odchudzającej – wszystkie prowadzą wcześniej czy później z powrotem do wagi wyjściowej. Obniżanie i podnoszenie się wagi raz po raz rozregulowuje organizm i przyśpiesza jego starzenie.

Zrzucenie kilku kilogramów i zachowanie idealnej wagi zawsze musi iść w parze z wypracowaniem zdrowych nawyków żywieniowych i zażywaniem ruchu. Nawyki te trzeba później zachować już przez całe życie.

Ale ile tak właściwie wynosi prawidłowa waga?

Nie musicie wcale dążyć do tego, żeby być chudzi, jednak unikanie nadwagi może wam przynieść kilka dodatkowych lat życia

BMI

Najpopularniejszym sposobem obliczania swojej wagi jest ustalenie wskaźnika BMI (ang. *Body Mass Index*), który uwzględnia stosunek między wzrostem a wagą. (Jednak jeśli ktoś jest mocno umięśniony, wskaźnik BMI nie będzie optymalnym miernikiem).

TAK OBLICZYCIE WSKAŹNIK BMI

Podzielcie swoją wagę (wyrażoną w kilogramach) przez wzrost (w metrach) do potęgi drugiej.

Przykład: wskaźnik BMI dla osoby, która waży 70 kilogramów i ma 175 centymetrów (1,75 metra) wzrostu wynosi:

$$\frac{70}{1{,}75 \times 1{,}75} = 22{,}8$$

BMI dla dorosłych	
niedowaga	poniżej 18,5
normalna waga	18,5–24,9
nadwaga	25–29,9
otyłość	od 30 wzwyż

Niebezpieczny tłuszcz to ten, który odkłada się w pasie. Większe zagrożenie dla zdrowia stanowi otyłość brzuszna niż duża waga.

JAK POKAZAŁY BADANIA

Badania udowodniły, że tłuszcz odkładający się na brzuchu to inny rodzaj tłuszczu niż na przykład ten na udach. Komórki tłuszczowe na brzuchu pozostają aktywne i wrażliwe na stres, przez co cały czas przedostają się do krwi kwasy tłuszczowe, a w konsekwencji może dojść do uszkodzenia serca, naczyń krwionośnych, wątroby i trzustki. Otyłość brzuszna osłabia także działanie insuliny i w organizmie powstają substancje powodujące zapalenie. To niesie ze sobą podwyższone ryzyko między innymi chorób układu krążenia, a także udaru, cukrzycy i wielu chorób nowotworowych.

Tak mierzy się obwód brzucha

Obwód brzucha można szybko zmierzyć miarą krawiecką. Powinno się ją przyłożyć około dwóch centymetrów poniżej pępka. Sprawdźcie, czy leży równo i czy nie zawinęła się na plecach. Pomiaru dokonajcie na lekkim wydechu.

Wartości dla mężczyzn	
poniżej 94 cm	zdrowy
między 94–101 cm	zachodzi ryzyko
ponad 101 cm	wyraźne ryzyko
Wartości dla kobiet	
poniżej 80 cm	zdrowa
między 80–88 cm	zachodzi ryzyko
ponad 88 cm	wyraźne ryzyko

Z każdym centymetrem wykraczającym poza prawidłową wartość rośnie podatność na choroby.

Wysokość brzucha

Nowym sposobem mierzenia niebezpiecznej otyłości brzusznej (tłuszczów, które odkładają się w organach jamy brzusznej i dookoła nich) jest pomiar, na jaką wysokość – przy ułożeniu ciała w pozycji leżącej – sięga brzuch w stosunku do podłoża.

JAK ZMIERZYĆ WYSOKOŚĆ BRZUCHA

Połóżcie się na plecach na czymś twardym, zegnijcie kolana, tak aby plecy przylegały do podłoża.

Połóżcie linijkę (albo poziomicę) na brzuchu na wysokości pępka. Drugą linijką albo metrówką zmierzcie, ile centymetrów jest między podłożem a leżącą na waszym brzuchu linijką. Nie wstrzymujcie powietrza, lecz dokonujcie pomiarów przy lekkim wydechu.

Granica zdrowia	
dla mężczyzn	poniżej 22 cm
dla kobiet	poniżej 20 cm

Miejcie wagę pod kontrolą – kilka ogólnych wskazówek

CHODZI O TO, ŻEBY

- odżywiać się i żyć dobrze w nowy sposób;
- nie myśleć o specjalnych dietach ani kuracjach odchudzających;
- zamiast tego pamiętać, żeby jeść zdrowo, dobrze, regularnie i w odpowiedniej ilości – wtedy obniżenie wagi jest gwarantowane.

NIE ODCHODŹCIE OD STOŁU NAJEDZENI DO SYTA

Zatraciliśmy dzisiaj kontrolę nad wielkością porcji żywieniowych – w ciągu ostatnich dwudziestu lat podwoiliśmy porcje. Obecnie muffiny są nawet trzy razy większe niż wcześniej, a hamburgery mają dwa razy większą objętość! Duże porcje skłaniają nas, żeby jeść więcej.

Dobrym sposobem postępowania w czasie posiłków jest nienajadanie się do syta. Zacznijcie od tego, żeby nie nakładać sobie za dużych porcji. Przykładowo: nakładajcie dwie trzecie, czyli zamiast trzech ziemniaków dwa i tak dalej. Nie jest to wcale wielkie wyrzeczenie, ale jeśli podliczycie wartość redukowanych w ten sposób porcji na przykład w ciągu miesiąca, może się okazać, że w sumie ograniczyliście spożycie o trzydzieści–czterdzieści ziemniaków. A to wyjdzie na dobre waszej wadze! Podzielcie pizzę (już dwie trzecie mogą wystarczyć, żeby mieć przyjemne uczucie najedzenia) i pokrójcie gigantyczną drożdżówkę (w jej przypadku liczba kalorii może wynosić tyle co wasz cały lunch!).

JEDZCIE POWOLI – BEZ DOKŁADEK

Nie myślcie tylko o tym, co jecie, lecz także jak jecie. Jeśli wrzucacie w siebie jedzenie, nie zdążycie poczuć, kiedy jesteście już najedzeni, a wtedy bez namysłu sięgniecie po dokładkę, bo wciąż będziecie mieli ochotę coś zjeść. Skutkuje to, poza wzrostem wagi, przeciążeniem systemu trawiennego i ryzykiem wzdęć i fermentacji. Poza tym po sutym posiłku odczuwa się zmęczenie.

Jeśli zamiast tego będziecie jeść powoli, dobrze przeżuwać i poświęcać czas na to, żeby rozkoszować się każdym kęsem, zauważycie, kiedy wasz żołądek będzie pełny i nadejdzie pora, żeby skończyć posiłek, ponieważ sygnał, że jesteście już najedzeni, zdąży dotrzeć do mózgu. Zajmuje to dziesięć–piętnaście minut i jeśli poczekacie, aż poczujecie, że jesteście syci, łatwiej wam będzie zrezygnować z dokładki.

ROZSĄDNIE WYBIERAJCIE JEDZENIE

Nie róbcie zakupów głodni! To grozi tym, że wrócicie do domu z jakimś gotowym daniem, zamiast samemu poświęcić czas na przygotowanie jedzenia.

Zastępujcie stopniowo kaloryczne produkty owocami i warzywami. Przerzućcie się na jedzenie z niskim indeksem glikemicznym. To wam zapewni długotrwałe poczucie najedzenia i obniży apetyt przed kolejnym posiłkiem, przez co będziecie zjadać mniejsze porcje.

Pijcie wodę zamiast piwa i napojów gazowanych.

MYŚLCIE ZAWCZASU – KIEDY NA PRZYKŁAD SIĘGACIE PO CIASTKO

Interesujące efekty może dać zastanowienie się, ile ruchu (szybkiego marszu/biegu) będziecie potrzebować, żeby spalić określony typ jedzenia albo picia. Zwróćcie jednak uwagę, że podane w tabeli 11 wartości są przybliżone, ponieważ zależą między innymi od tego, ile się waży, i od różnych opinii na temat wielkości przykładowej porcji.

Tabela 11. Odległości, które trzeba pokonać szybkim marszem/biegiem, żeby spalić porcję jedzenia

Rodzaj jedzenia i picia	Odległość
1 kubek kawy bez cukru	0 km
150 ml piwa niskoprocentowego	0,8 km
1 małe ciastko	1,0 km
150 ml piwa wysokoprocentowego	1,4 km
150 ml wina	1,5 km
10 chipsów	2,0 km
15 solonych orzeszków ziemnych	2,0 km
10 frytek	4,0 km
1 ciastko francuskie	6,0 km
1 hamburger	8,0 km
1 babeczka z marcepanem	8,0 km
1 kawałek tarty	8,0 km
1 pizza	10 km

Może warto, byście pomyśleli o tych liczbach, zanim popijając kawę, włożycie do ust na przykład migdałową mazarynkę albo francuskie ciastko z kremem?

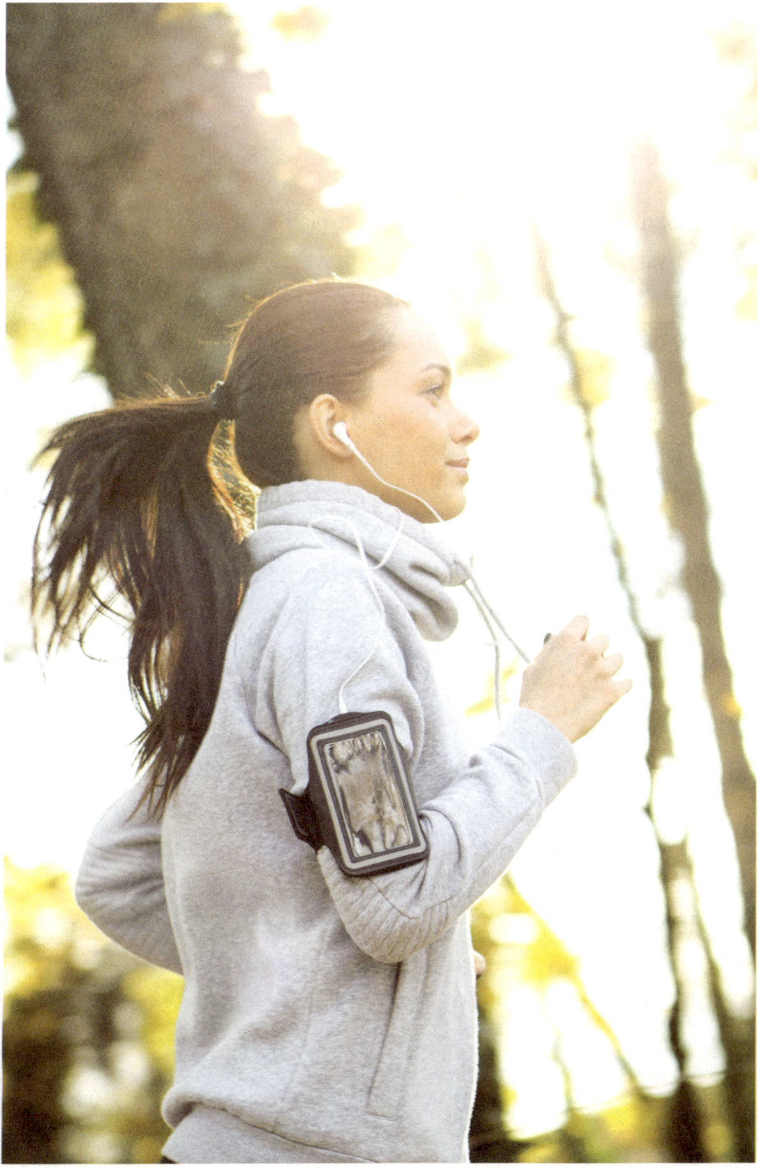

Sprawdzajcie wagę

Kiedy reorganizujecie swój styl życia i zaczynacie myśleć o zachowywaniu prawidłowej wagi, dobrze jest mieć jakąś wartość wyjściową – co pokazuje wasza waga? Dzięki temu otrzymujecie na bieżąco informacje dotyczące waszej sytuacji i tego, co ewentualnie należy skorygować w jedną czy drugą stronę. Jeśli wprowadzacie zmiany w sposobie odżywiania się i chcecie sprawdzić skutki po kilku dniach, zważcie się, a od razu uzyskacie odpowiedź – waga może spaść o jedną albo kilka dziesiątych kilograma. Zachęceni tym, może wprowadzicie dalsze zmiany w swoim życiu – i wtedy znowu się zważcie. W ten sposób szybko nauczycie się, jak jeść i żyć, żeby utrzymać upragnioną wagę.

Jeśli zmianie sposobu odżywiania będzie towarzyszyć to, że zaczniecie się ruszać, to przybędzie wam mięśni i wasza waga wzrośnie, a wtedy mierzenie obwodu pasa okaże się lepszym sposobem na sprawdzenie, czy zmniejszyła się wasza otyłość brzuszna, a w zamian pojawiły się mięśnie. W takiej sytuacji dokonaliście właśnie wielkiego kroku na drodze do lepszego zdrowia!

Jeśli nie macie kontroli nad swoją wagą, to może jecie i żyjecie w taki sposób, że przybywa wam kilkaset gramów tygodniowo. Dzieje się to tydzień po tygodniu i odbywa tak podstępnie, że nawet nieszczególnie zwracacie na to uwagę – zanim się w ogóle spostrzeżecie, będziecie już ważyć dziesięć kilogramów więcej!

> *Kontrolując wagę, możecie odżywiać się mądrzej i lepiej przez resztę swoich dni, a mniej kilogramów to więcej lat życia.*

KILKA DOBRYCH RAD
- Kupcie dobrą wagę.
- Uczyńcie z ważenia swoją rutynę.
- Szybko przełamujcie trend zwyżkowy.
- Notujcie swoją wagę, wyznaczcie sobie cel.

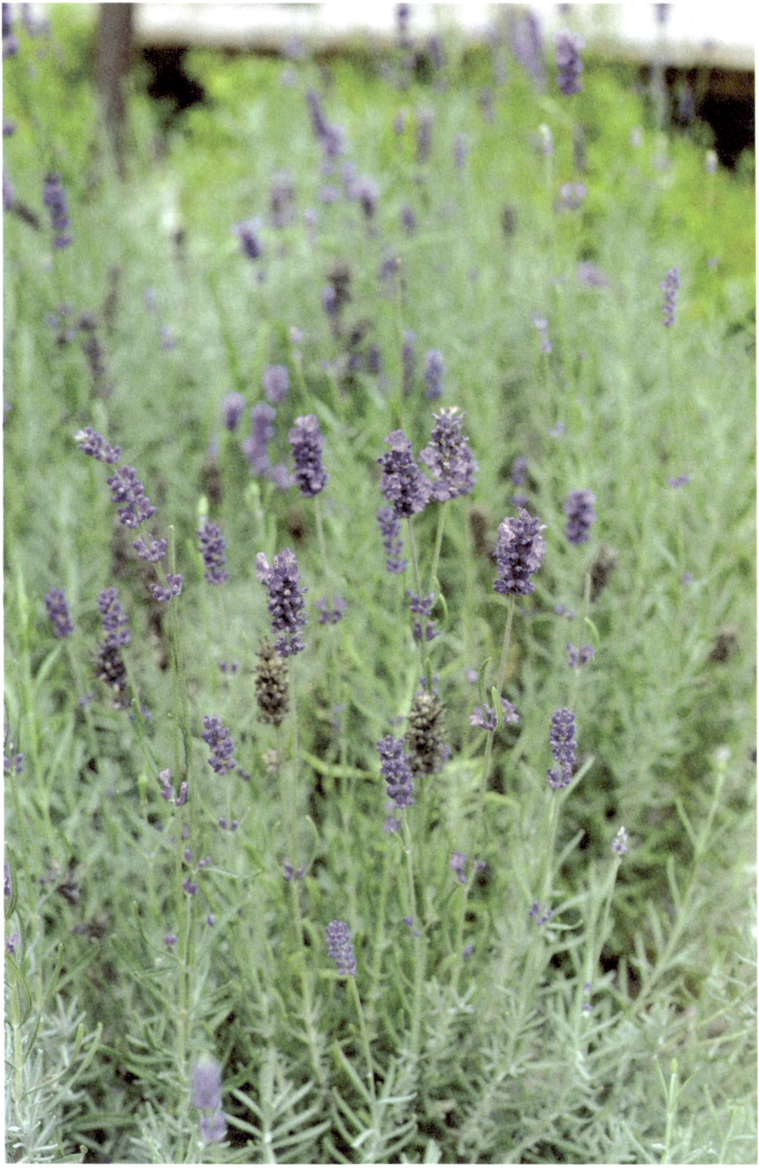

Krótkotrwałe głodówki

Popularnym typem krótkotrwałej głodówki jest dieta 5:2, która polega na tym, że mocno obniża się spożycie kalorii przez dwa dni w tygodniu, a przez pozostałe pięć dni można jeść tyle, ile się chce.

Innym typem krótkotrwałej głodówki jest jednodniowy post – wtedy nie je się nic od godziny osiemnastej jednego dnia do godziny dwunastej następnego.

Głodówki mają pozytywne przełożenie na wagę ciała i rozwój cukrzycy, obniżenie ciśnienia krwi, poziomu cukru i tłuszczów we krwi. W trakcie głodówki zamiast cukrów organizm zużywa dostępny tłuszcz jako źródło energii. W ten sposób obniża się ryzyko cukrzycy i chorób układu krążenia.

8

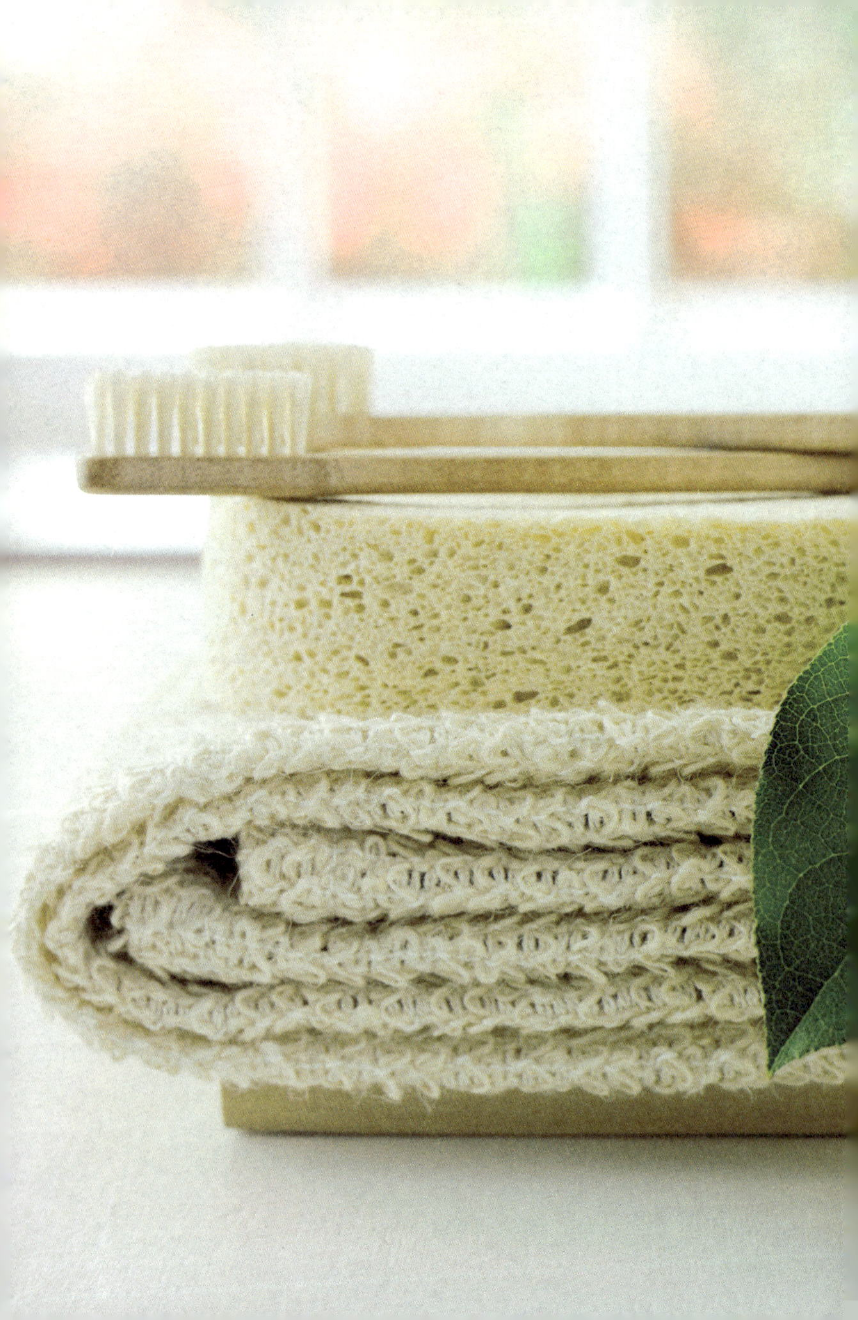

Od zdrowej jamy ustnej do zdrowia ogólnego

Wpływ zapalenia dziąseł na stan naczyń krwionośnych

Od dawna już wiadomo, że istnieje ścisły związek między chorobami układu krążenia i nadciśnieniem, paleniem tytoniu, stresem, cukrzycą a otyłością. Podobny związek zachodzi także między złym stanem jamy ustnej a paleniem i złym odżywianiem. Wielu ludzi było jednak zaskoczonych, kiedy zaczęto przypuszczać, że zapalenie dziąseł ma coś wspólnego z chorobami naczyniowymi organizmu. Jak niby zdrowie jamy ustnej może wpływać na stan naczyń krwionośnych?

Krwawiące dziąsła – sygnał ostrzegawczy

Dzisiaj wiemy, że zapalenie dziąseł, któremu często towarzyszy krwawienie, może doprowadzić do pogłębienia kieszonek dziąsłowych, a w dalszej kolejności spowodować zwiększenie ruchomości zębów. Nawet próchnica może – jeśli będzie rozległa – spowodować zapalenie w zębach i otaczających je tkankach. Jeśli choroby zębów pozostaną nieleczone i będą się dalej rozwijać, istnieje ryzyko, że dojdzie do przewlekłego zapalenia dziąseł i że bakterie cały czas będą przedostawać się do krwioobiegu. Zapalenie będzie miało wtedy wpływ nie tylko na jamę ustną, lecz także na cały organizm, a stan zapalny trwający tygodniami, miesiącami czy nawet latami uszkadza między innymi naczynia krwionośne, co wiąże się z podwyższonym ryzykiem zawału serca i udaru mózgu.

JAK POKAZAŁY BADANIA
Udowodniono naukowo, że śmiertelność u osób z zapaleniem dziąseł i ruchomością zębów zwiększa się od ponad 20 procent do niemal 50 procent w porównaniu z tymi, którzy nie cierpią na te schorzenia. Przyczyną było to, że w dalszej perspektywie u cierpiących na

zapalenie dziąseł wystąpiły choroby układu krążenia i udary.

> *Szacuje się, że ci, którzy nie cierpią na zapalenie dziąseł, żyją ponad sześć lat dłużej od osób cierpiących na to schorzenie.*

Jak zapobiegać ruchomości zębów i próchnicy?

Chodźcie regularnie do stomatologa. Wtedy dzięki zastosowaniu odpowiedniego leczenia możecie powstrzymać rozwój choroby zębów we wczesnym stadium. Jednocześnie podczas przeglądu możecie dostać indywidualne rady i wskazówki dotyczące higieny jamy ustnej i prawidłowego odżywiania.

Pamiętajcie o „zasadzie dwóch": myjcie zęby dwoma centymetrami pasty do zębów z fluorem przez minimum dwie minuty, co najmniej dwa razy dziennie.

Czyszczenie przestrzeni między zębami jest równie ważne co samo mycie zębów i powinno się odbywać codziennie. Istnieje cała masa różnych wykałaczek, nici dentystycznych i szczoteczek międzyzębowych, których możecie użyć w zależności od tego, jak ciasno macie ustawione zęby. Jest to być może najważniejsza rzecz, jaką możecie zrobić, żeby zapobiec ruchomości zębów i próchnicy, zarazem jednak najłatwiejsza do zapomnienia.

Unikajcie częstych przekąsek między posiłkami, słodyczy i tym podobnych, ponieważ za każdym razem, kiedy coś jecie, bakterie rozkładają cukry na kwasy, a te wyżerają dziury w szkliwie zębów. Po każdym spożyciu cukru – w większych lub mniejszych ilościach – przez trzydzieści minut pH w ustach ma odczyn kwasowy. Jeśli wtedy znowu zjecie coś słodkiego, nawet jeśli będzie to tylko jeden cukierek sześć razy na dzień, to zęby będą wystawione na działanie kwasu łącznie przez ponad trzy godziny!

To może doprowadzić do próchnicy, a z czasem nawet do zapalenia dziąseł.

Wiele leków – jako skutek uboczny – powoduje suchość w ustach, co może zwiększyć podatność zębów i dziąseł na choroby.

W pewnej reklamie zachęcającej do używania nici dentystycznej można usłyszeć następującą – całkiem mądrą – wymianę zdań:

> Pytanie: Między którymi zębami powinieneś czyścić przestrzeń nicią dentystyczną?
> Odpowiedź: Między tymi, które chcesz zachować!

Jeśli przypomnicie sobie o tym wieczorem, stojąc przed lustrem i zabierając się do czyszczenia przestrzeni międzyzębowych, to może będziecie mieli więcej motywacji i nie pominiecie żadnego z zębów. W zamian będziecie mogli cieszyć się z tego, że dbając o zdrowie dziąseł, chronicie swój organizm przed zapaleniem.

9

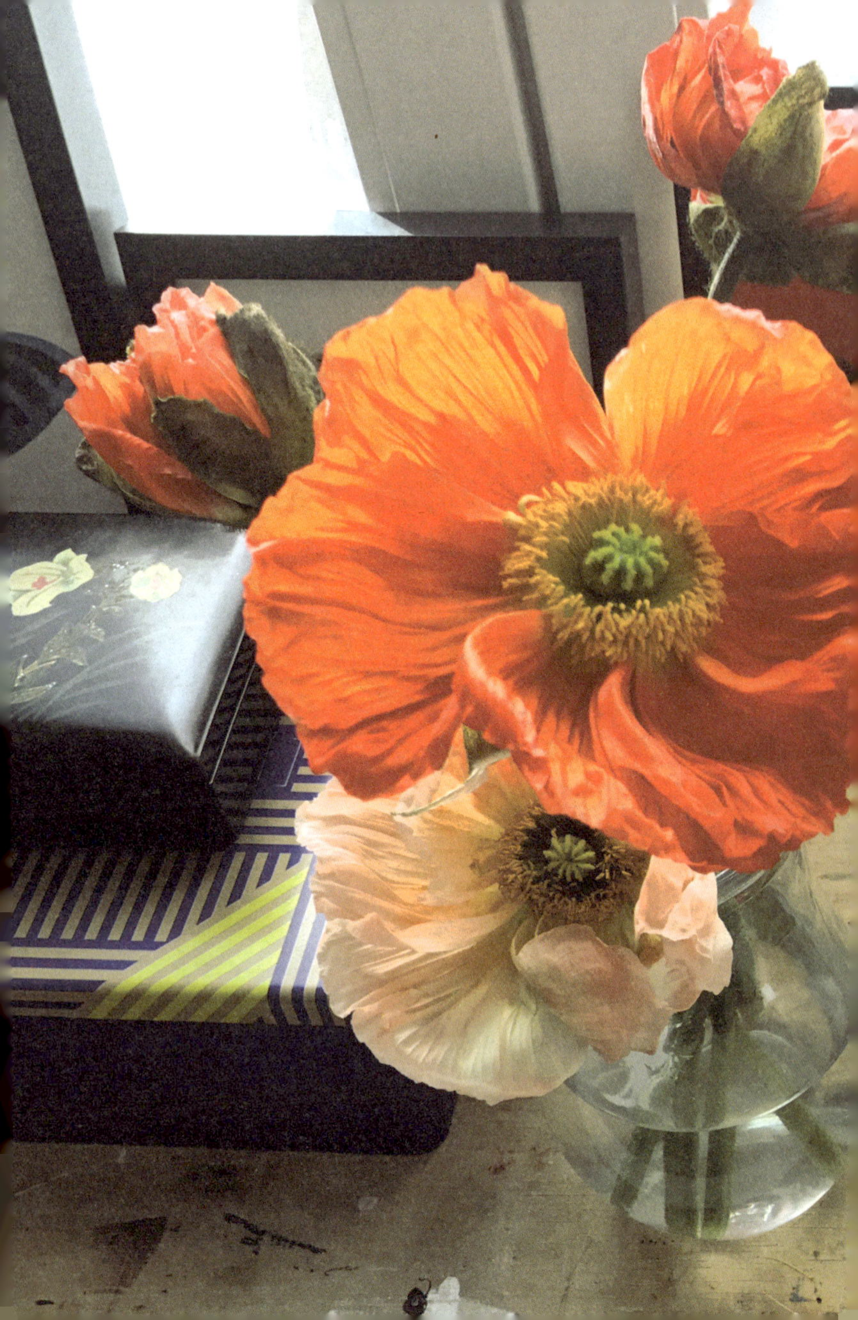

Bądźcie optymistami

Pytanie o to, czy szklanka jest do połowy pełna, czy do połowy pusta, zdradza w prosty sposób wasze podejście do życia – optymistyczne bądź pesymistyczne. Optymista myśli o tym, co pozytywne („Jak cudownie, że zostało jeszcze pół!"), pesymista zaś dostrzega braki i skupia się na tym, co negatywne („Niedługo się skończy!"). Nastawienie do życia ma duże znaczenie, jeśli chodzi o zdrowie. Optymiści żyją dłużej i mają do dyspozycji więcej pamięci roboczej, są wszystkiego ciekawi i łatwiej znajdują przyjaciół, osiągają więcej sukcesów w pracy i prowadzą bardziej interesujące życie. Nadzieja i optymizm to ważne kawałki układanki pozwalające poczuć się lepiej. Rodzimy się nie tylko z wolą przeżycia, lecz także z wolą dobrego życia.

Dlaczego optymiści żyją dłużej?

Optymista skupia się na rozwiązaniu problemu, podczas gdy pesymista na samym problemie. Kiedy coś idzie nie po naszej myśli albo pojawiają się trudności, optymista przeznacza całą swoją energię na to, jak sobie z tym poradzić, i wierzy, że mu się uda. Nie odczuwa więc stresu, frustracji i bezsilności, a w związku z tym w jego organizmie nie następuje wzrost poziomu cukru we krwi, nie ma wzmożonych stanów zapalnych ani nie dochodzi do uszkodzenia układu odpornościowego. To z kolei hamuje rozwój nowotworów i chorób układu krążenia. Natomiast pesymista traci swoją energię na denerwowanie się, co prowadzi do nasilenia reakcji zapalnych, a w najgorszym wypadku do przedwczesnej śmierci.

JAK POKAZAŁY BADANIA
Naukowcy przebadali 5000 dorosłych osób pod kątem stanu ich układu krążenia i poziomu optymizmu. Wyniki pokazały, że u ludzi z pozytywnym nastawieniem do życia występowało dwukrotnie większe prawdopodobieństwo, że będą mieli zdrowe serce, w porównaniu z badanymi patrzącymi na życie negatywnie. Optymiści mieli też niższy poziom cukru i tłuszczów we krwi.

W innym badaniu obserwowano ponad stu dwudziestu mężczyzn, u których niedługo wcześniej doszło do pierwszego zawału serca. Osiem lat później dwudziestu jeden z dwudziestu pięciu najbardziej pesymistycznie usposobionych badanych zmarło, podczas gdy wśród nastawionych najbardziej optymistycznie było to tylko sześciu z dwudziestu pięciu.

Wśród tych, którzy umierają przedwcześnie, siedmiu na dziesięciu jest pesymistami.

Optymiści żyją dłużej niż pesymiści i badania wykazały, że różnica w długości ich życia może wynieść aż do siedmiu lat.

Co charakteryzuje optymistów i pesymistów?

Optymista zawsze widzi rozwiązanie problemu. Pesymista dostrzega problem w każdym rozwiązaniu.

Optymista mówi: „Mogę, jeśli tylko chcę".
Pesymista mówi: „Nie dam rady, równie dobrze mogę zrezygnować".

Optymista twierdzi: „Z pewnością jest to trudne, ale wykonalne".
Pesymista uznaje: „Może i jest to do wykonania, ale z pewnością bardzo trudne".

Optymista zauważa: „Ale jest ładna pogoda i świeci słońce".
Pesymista mówi: „Dzisiaj może i tak...".

Optymista tworzy sobie lepsze czasy.
Pesymista czeka na lepsze czasy.

Czy można zostać optymistą i jak to w takim razie zrobić?

Znajdźcie motywację

Jeśli macie skłonności do pesymistycznego myślenia, dobrą strategią na poprawę zdrowia może się okazać próba zmiany nastawienia do życia. Człowiek nie rodzi się pesymistą, tylko nim zostaje. Sami uczymy się być nieszczęśliwi, niektórzy ćwiczą to nawet każdego dnia!

Ale można się także nauczyć optymizmu i nadziei, choć nie jest to łatwe, jeśli się weszło już w pewne tory myślenia i przyjęło takie wzory postępowania. Żeby się wyłamać z tych schematów, człowiek musi przede wszystkim znaleźć motywację do zmiany. Myśleć o korzyściach – o tym, że patrząc optymistycznie na świat, będzie żył nawet siedem lat dłużej i zdrowiej, miał więcej przyjaciół, a jego życie będzie weselsze niż wcześniej – to chyba wystarczający zysk, żeby do tego dążyć.

Bądźcie czujni

Obserwujcie samych siebie i swoje reakcje, zwróćcie uwagę, kiedy pesymizm zaczyna w was kiełkować. Słuchajcie siebie, gdy mówicie o cierpieniu w swoim życiu i w waszym otoczeniu, o wszystkim, co was denerwuje, smuci i sprawia wam zawód. Uświadomcie sobie, ile energii tracicie na to, co niedobre albo co nie idzie wam tak, jak powinno.

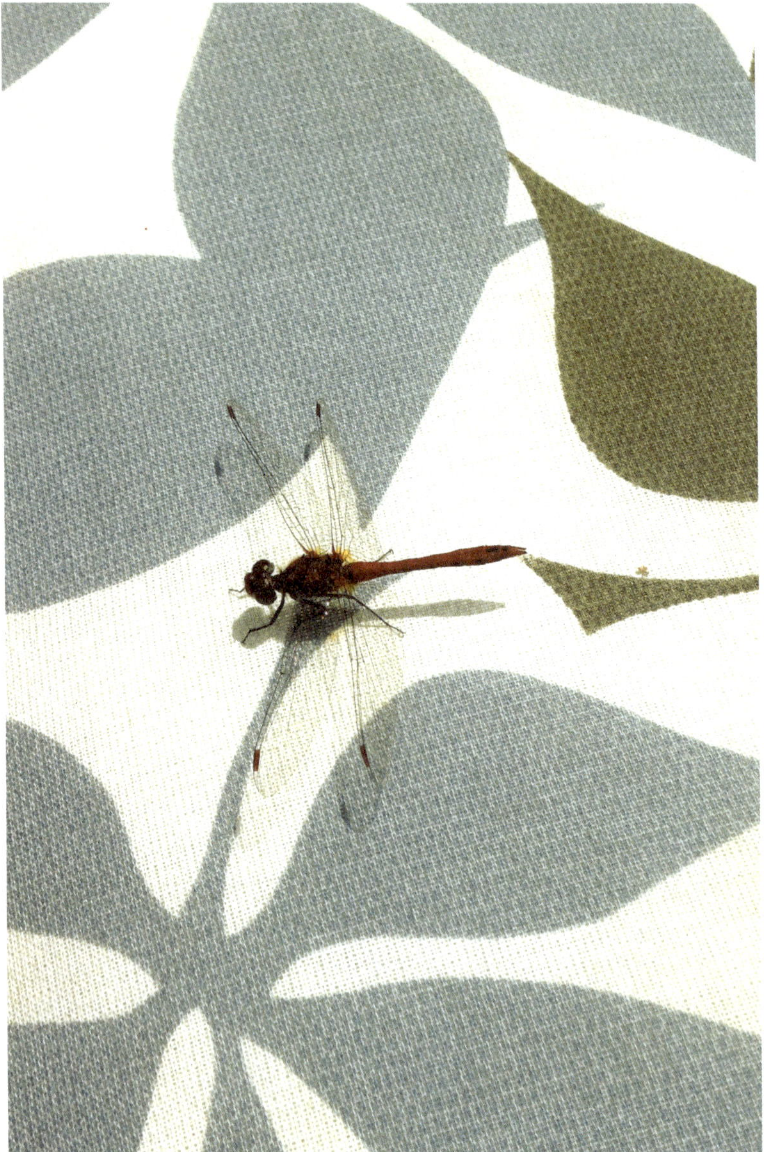

Znajdźcie pozytywne wzorce

Spróbujcie spojrzeć na wszystko z innej perspektywy i przetestujcie, jak inaczej niż dotąd można myśleć i działać. Spożytkujcie energię na znalezienie pozytywnych stron sytuacji, czegoś, za co możecie być wdzięczni, z czego możecie się cieszyć i czym możecie się rozkoszować. To właśnie w waszym wnętrzu zaczyna się podróż do optymizmu.

Myślcie pozytywnie – we właściwy sposób

W umiejętności pozytywnego myślenia drzemie wielka siła. Mówcie pozytywne rzeczy i dostarczajcie swojemu umysłowi pozytywnych wiadomości. Nie oznacza to wcale, że nagle staniecie się marzycielami z masą nierealistycznych celów. Osoba myśląca jednocześnie optymistycznie i realistycznie, która we właściwy sposób korzysta z siły własnej sugestii, zazwyczaj stąpa mocno po ziemi oraz dostrzega trudności i problemy, ale rzadko pozwala, żeby ją one przytłoczyły. Optymista nie stara się zanegować tego, co negatywne, jednak

nie pozwala, żeby to go powstrzymało; widzi problemy
i dostrzega możliwości. Liczy też na to, co najlepsze,
choć jest przygotowany na najgorsze.

Wyrażajcie wdzięczność i radość

Patrzcie na to, co ma sens w waszym życiu, i zwracajcie uwagę na to, co dookoła was jest piękne i dobre.
Spróbujcie myśleć każdego dnia o minimum trzech
rzeczach, za które jesteście wdzięczni. Wyrażajcie
wdzięczność i radość, kiedy spotykają was zarówno rzeczy wielkie, jak i drobnostki. To właśnie w ten sposób
objawia się „szczęście dnia codziennego". Optymista je
dostrzega i w związku z tym przepełniają go pozytywne
uczucia.

Otaczajcie się pozytywnymi osobami

Przysłowie mówi, że kto z kim przestaje, takim się
staje. Unikajcie pesymistów, którzy wysysają z was
energię. Zamiast tego obracajcie się w kręgach, w których znajdują się optymiści. Promieniują oni energią,
a ta udziela się innym. Przekażcie później tę pozytywną energię swoim bliskim i ukochanym. Przyniesie

to ochotę do życia i dobre zdrowie wam i waszemu otoczeniu.

Śmiejcie się i uśmiechajcie

Dobry humor i śmiech obniżają stężenie hormonów stresu i ciśnienie krwi, dzięki czemu poprawia się nastrój. Śmiech podnosi poziom endorfin, tym samym czujemy się zadowoleni. Napięcie spowodowane stresem przemija, stany zapalne w organizmie się redukują, a układ odpornościowy się wzmacnia i lepiej działa. Jest dużo prawdy w starym powiedzeniu, że „śmiech wydłuża życie". Naśladujcie pogodne osoby, chodźcie prężnym krokiem z uśmiechem na ustach, a sami się rozweselicie.

Utrzymujcie aktywność fizyczną

Wszelka aktywność fizyczna prowadzi do redukcji hormonów stresu, a w zamian uwalnia się hormon „dobrego samopoczucia" – dopamina. Dzięki niej odczuwamy zadowolenie, które pozwala nam łatwiej się przestawić na pozytywne myślenie.

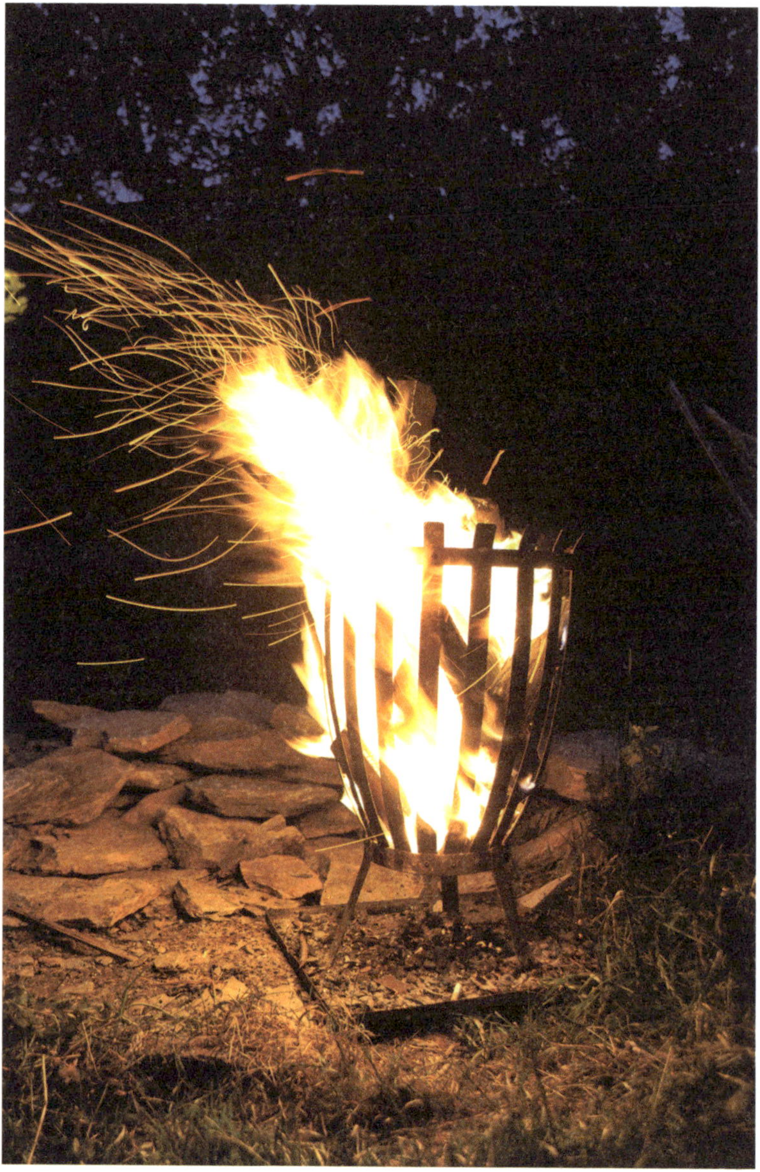

Bądźcie szczodrzy dla innych

Człowiek jest z natury istotą, która lubi się dzielić. Jesteśmy szczęśliwsi, gdy dajemy, niż wtedy, gdy sami coś dostajemy. Poświęćcie więc na to swoją energię i czas. Jeśli możecie być pomocni dla kogoś, kto tego potrzebuje, jeśli jesteście tacy dla swoich przyjaciół, to znaleźliście już świetne źródło pozytywnej energii. Cieszcie się z sukcesów innych równie mocno jak z własnych.

10

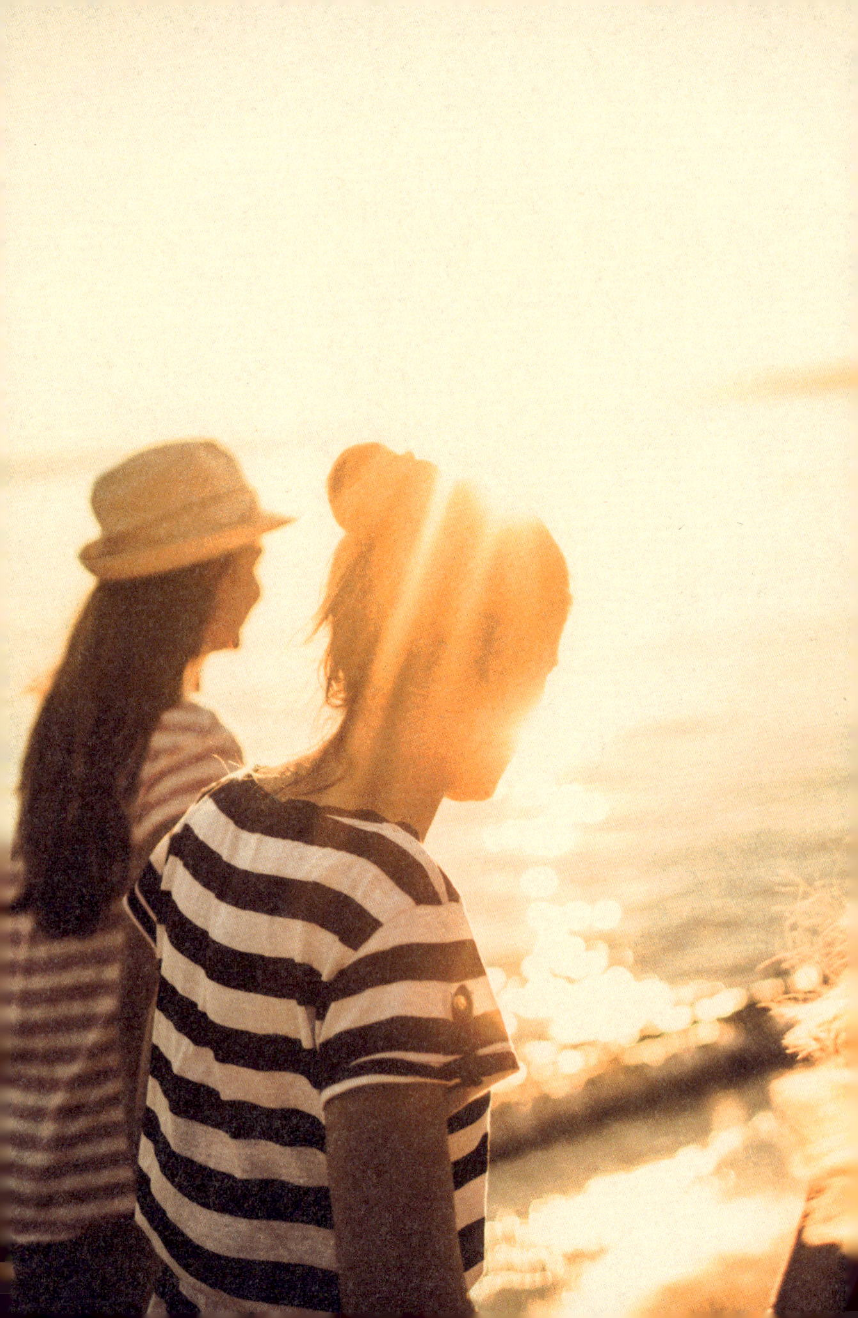

Potrzebujemy siebie nawzajem

Człowiek jest zwierzęciem stadnym, potrzebujemy więc siebie nawzajem. Interakcje społeczne i poczucie wsparcia ze strony innych ludzi stanowią warunek konieczny, żeby dalej żyć i zachować zdrowie. Współżycie społeczne było prawdopodobnie jedną z najważniejszych strategii przeżycia rodzaju ludzkiego.

Duże znaczenie mają dobre relacje rodzinne, koledzy z pracy i/lub stały krąg przyjaciół. Ale nie tyle liczy się tutaj liczba przyjaciół czy częstotliwość spotkań z nimi, ile jakość tych kontaktów. Lepiej jest mieć dobre relacje z kilkoma osobami, niż tkwić w wielu relacjach gorszej jakości.

Można doświadczyć samotności, mimo że jest się otoczonym przez ludzi – zarówno kiedy jesteśmy w związku z drugą osobą, jak i w grupie. Każdy czasem czuje się samotny i jest to całkowicie normalne. Samotność z wyboru nie wiąże się z żadnym zagrożeniem dla zdrowia. Inaczej jest z samotnością wymuszoną.

Unikajcie wampirów energetycznych

Dobre relacje przynoszą pozytywną energię, która nie tylko chroni zdrowie, ale też gwarantuje dobre samopoczucie. Jednak działa to także w drugą stronę – czasem osoby, z którymi się zadajemy, mogą wysysać z nas energię. Kiedy już się spotka kogoś takiego, człowiek czuje się zmęczony, pusty i łatwo doznaje uczucia porażki. Prawidłowo dobierajcie sobie przyjaciół i dbajcie o zdrowie waszych relacji.

Co nam dają spotkania z przyjaciółmi?

Spotykanie się z przyjaciółmi i poczucie, że ktoś nas lubi takimi, jacy jesteśmy, i szanuje – a także odwzajemnianie tych uczuć – dodaje sił. Im bardziej umac-

niamy siebie i innych w tym poczuciu, tym zdrowsi
i silniejsi będziemy my sami i nasze relacje.

Dobre stosunki z innymi mają na nas pozytywny
wpływ, ponieważ rośnie wtedy stężenie endorfin, czyli
hormonów dobrego samopoczucia, obniża się poziom
hormonów stresu i tym samym zmniejsza się liczba
zapaleń. Dlatego nasz układ odpornościowy się wzmacnia, a my możemy żyć dłużej i być szczęśliwsi.

Często słyszane zapewnienie „sam sobie poradzisz"
nie do końca jest trafne. Jeszcze silniejsi będziecie
w pozytywnej grupie społecznej.

Ci, którzy żyją w dobrych relacjach, to znaczy mają
wspaniałych i bliskich sobie krewnych, przyjaciół albo
ukochanego czworonoga, szybciej dochodzą do siebie
po chorobie i żyją dużej.

JAK POKAZAŁY BADANIA
Udowodniono, że przedwczesna śmiertelność jest
większa wśród osób samotnych. Na przykład ludzie
mieszkający samotnie są bardziej narażeni na udar
mózgu niż ci, którzy mieszkają z kimś.

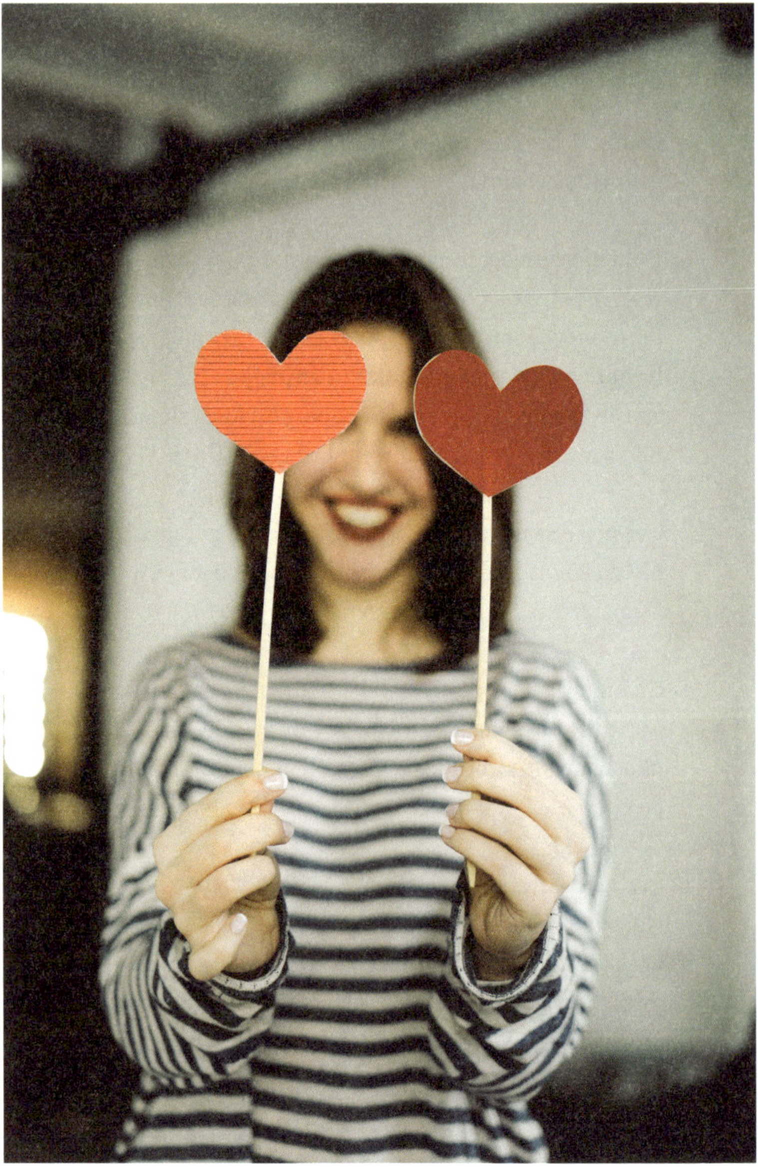

W dużym badaniu z udziałem 180 tysięcy osób można było zobaczyć, jak ryzyko zawału serca wzrasta niemal o 30 procent u tych, którzy czują się samotni albo mają mało interakcji społecznych. Także ryzyko udaru było u nich o ponad 30 procent wyższe.

Jak odkryli amerykańscy naukowcy, ryzyko zachorowania na chorobę Alzheimera jest ponad dwukrotnie wyższe u tych, którzy odczuwają samotność, niż u osób, które mają oparcie w innych.

Wymuszona samotność

Jeśli ktoś ma przez dłuższy czas poczucie, że jego relacje społeczne nie są zadowalające, staje się wyobcowany. Wymuszona, a co za tym idzie niebezpieczna samotność oznacza, że nie ma się nikogo, z kim można by się podzielić swoimi uczuciami albo z kim miałoby się bliski kontakt. Samotność powoduje więcej cierpienia niż ból fizyczny.

Czasem otoczenie przyczynia się do tego, że samotność staje się szczególnie dotkliwa. Przykładem może być rozpromieniona babcia, która nieprzerwanie mówi o swoich cudownych wnuczętach. Nie myśli o tym, że w grupie może być ktoś (albo nawet kilka osób), które nie mają rodziny albo nie mogły mieć dzieci. Ważne, żeby wczuć się w sytuację innych i myśleć o tym, co się mówi, żeby nikogo nie zranić. Dobrze jest też zwrócić uwagę, czy na przykład ktoś w naszym miejscu pracy nie czuje się wykluczony. Wtedy należy zachować się wielkodusznie, okazać zainteresowanie tej osobie, wciągnąć ją do rozmowy – tak rodzi się przyjaźń.

Środowisko społeczne ma decydujący wpływ na nasze zdrowie. Jeśli czujemy się samotni, wykluczeni oraz brakuje nam wsparcia, spada nasza odporność na stres i choroby. Stres psychologiczny powoduje stany zapalne i działa bezpośrednio negatywnie na nasz układ odpornościowy, naczynia krwionośne i różne organy. Co za tym idzie, wzrasta prawdopodobieństwo chorób i krótszego życia.

Wiele osób wie, że stres, otyłość i siedzący tryb życia są szkodliwe dla zdrowia, ale fakt, że wymuszona samotność to także bardzo istotny czynnik chorobotwórczy, nie jest równie powszechnie znany. Dlatego do rad zawartych w tym rozdziale dodam, jak na różne sposoby można przełamać samotność, co w dużej mierze jest procesem wewnętrznym.

Ta groźna samotność podwaja ryzyko chorób i przedwczesnej śmierci. Poczucie wykluczenia ma wpływ na umieralność w równie wysokim stopniu (albo nawet wyższym) co palenie, stres, otyłość i nadciśnienie.

Pielęgnujcie przyjaźń

Przyjaźń może się stać źródłem radości i zaufania. Żeby stworzyć dobre relacje z innymi ludźmi, ważne jest:

- rozmawianie o sprawach ważnych i błahych;
- bycie dobrym słuchaczem;
- pozytywne nastawienie do innych, okazywanie im szacunku, dawanie informacji zwrotnej, poczucie, że dobrze się razem bawicie;
- okazywanie zainteresowania;
- szanowanie tego, że ludzie się różnią, bycie gotowym na kompromisy i elastyczność.

Ważne jest, żeby spotykając się z ludźmi, odczuwać i okazywać empatię – spróbować się postawić w sytuacji innych. Jeśli się nie wie, na czym stoją inni, nie jest się ich dobrym przyjacielem i nie sposób okazywać sobie wzajemnie szacunku. Nie można też ich wspierać ani służyć im radą, kiedy zaistnieje taka potrzeba. Pamiętanie o tym podczas rozwijania sieci znajomych i bliskich sprawi, że nasza przyjaźń będzie głębsza, trwalsza i wzbogacająca.

Jak znaleźć nowych przyjaciół?

Przyjaźń można zawrzeć na wiele różnych sposobów i nie trzeba jej wcale zawiązywać z rówieśnikami. Przyjaciele w różnym wieku wzbogacają nasze życie i tym samym każdy z nas ma szansę znaleźć nowych przyjaciół spoza swojego zwykłego kręgu.

KONTAKT MOŻNA NAWIĄZAĆ:

- jeśli pójdziecie na kurs, który was interesuje (na przykład gotowania, fotografii, ornitologii), albo zapiszecie się do jakiegoś stowarzyszenia (choćby związku ogrodników czy klubu sportowego);
- kiedy odważycie się wyjechać gdzieś samemu i rozmawiać z ludźmi, których nie znacie;
- gdy pójdziecie potańczyć;

- za pośrednictwem mediów społecznościowych (na przykład Facebooka), grup dyskusyjnych i innych miejsc w sieci, w których można nawiązać przyjaźnie;
- gdy zaczniecie spacerować, ruszać się lub chodzić na fitness;
- jeśli zaprosicie na kawę sąsiada albo zaproponujecie komuś wyjście do kina;
- przez podjęcie wolontariatu w jakiejś organizacji;
- kiedy zaczniecie śpiewać w chórze;
- jeśli przygarniecie psa lub kota i on stanie się waszym przyjacielem.

Znalezienie przyjaciół nie jest łatwe

Wiele przeszkód stoi nam na drodze. Najczęściej są to:

- Strach – perspektywa obracania się wśród nowych osób może wydawać się zarazem pociągająca, jak i przerażająca. Strach niestety często wygrywa z ciekawością.
- Brak wiary w siebie: „Przecież nikt nie zechce się ze mną zadawać. Nie mam nic do zaoferowania i na pewno wszyscy uznają mnie za nudziarza".

- Niebezpieczna okolica i strach przed pójściem gdzieś samemu wieczorem; to może sprawić, że człowiek zrezygnuje z tego, żeby wyjść z domu i spotykać się z innymi.

Strach i brak wiary w siebie prowadzą do tego, że człowiek podejmuje złe decyzje. Mimo że komuś przeszkadza samotność, nie ma odwagi niczego z nią zrobić.

Klucz do zmian

PIERWSZY KROK – ZRÓBCIE ROZEZNANIE

Pierwszym krokiem jest przeanalizowanie własnej sytuacji, bycie szczerym z samym sobą, klarowne zgłębienie problemu i zrozumienie jego konsekwencji. „Naprawdę brakuje mi dobrych przyjaciół albo partnera, siedzę sama w piątkowy wieczór, kiedy inni odprężają się w gronie rodziny" lub „Święta to najgorsze dni w roku, bo wtedy samotność dodatkowo mi dokucza. Często jestem smutny i mam wrażenie, że życie przecieka mi przez palce". Zmierzenie się z samym sobą i rozeznanie w rzeczywistej sytuacji bywa czasem naprawdę męczące. Ale to właśnie

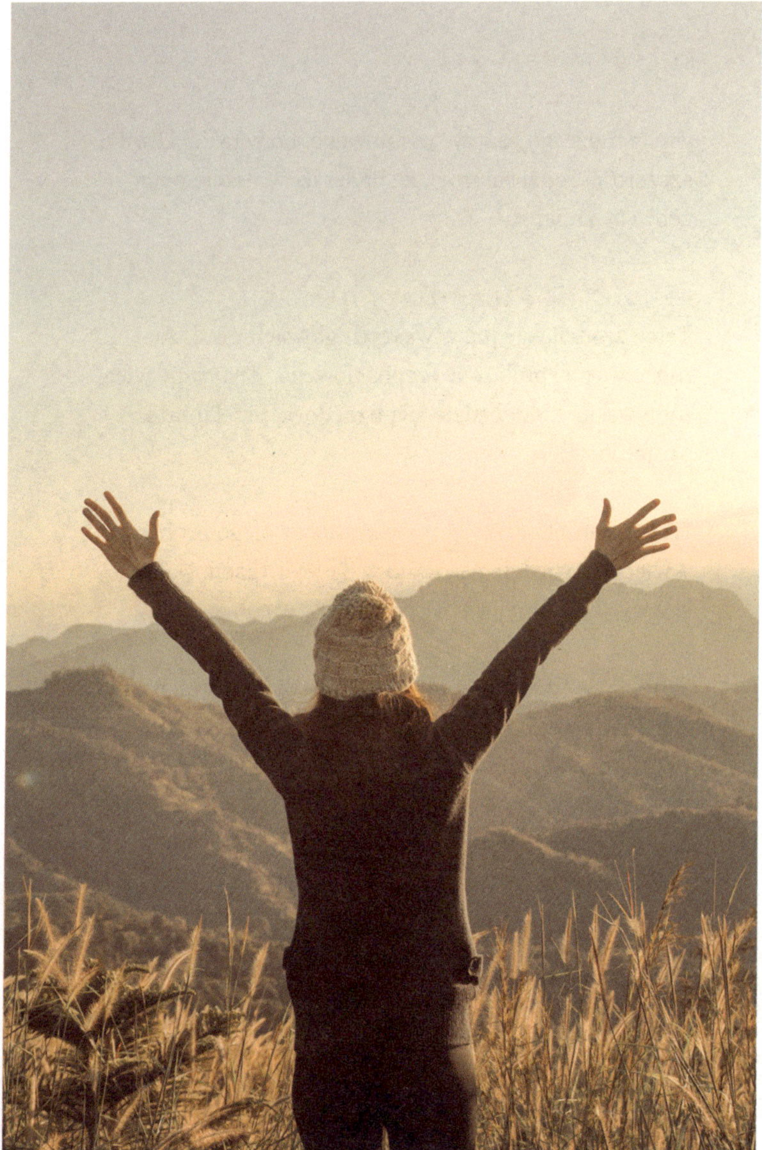

wtedy może się zdarzyć coś nowego, bo w takiej chwili szczerości rodzi się myśl, że nadeszła wreszcie pora, żeby coś zmienić.

DRUGI KROK – ZNAJDŹCIE MOTYWACJĘ
Teraz zrodziła się już w waszych głowach myśl, że może warto spróbować czegoś nowego. Znajdźcie więc motywację, która będzie siłą napędową przełamania samotności.

Często sami znacie już rozwiązanie swojego problemu – wiecie, co będzie pasowało w danej sytuacji. Najlepsze wyjście odkryjecie właśnie tam – w sobie.

W tej fazie trzeba przezwyciężyć swoje lęki: strach jest mechanizmem obronnym, który nas ogranicza. Ale teraz chodzi o to, żeby zrzucić to jarzmo, odważyć się iść dalej i jednocześnie krytycznie oceniać różne możliwości, nie wyolbrzymiać niebezpieczeństw, lecz spojrzeć pozytywnie na wyznaczony cel.

TRZECI KROK – WYZNACZCIE SOBIE CEL
Teraz macie siłę i motywację, żeby zmienić coś w swojej sytuacji, i jesteście gotowi wyznaczyć sobie cel. Jak

chcielibyście, żeby wyglądało wasze życie? Jesteście już na najlepszej drodze – kiedy cel został wyznaczony, decyzja zapadła.

CZWARTY KROK – PRZEJMIJCIE INICJATYWĘ
Przejdźcie do działania – teraz jest wreszcie szansa, żeby coś się wydarzyło. Naturalnie gdzieś czekają przyjaciele albo wspaniały partner, który będzie do was pasował. Żeby znaleźć swój „skarb" – bo przyjaciele to prawdziwy skarb, który poza tym prowadzi do przyjemniejszego, dłuższego i zdrowszego życia – bądźcie pełni energii i świadomi swojego celu.

Nie poddawajcie się

Kiedy pojawiają się niepokój i niepewność, trzeba przypomnieć sobie, jak wyglądała wasza sytuacja na początku (czyli kiedy czytaliście to po raz pierwszy), i ponownie zadać sobie pytanie: „Czy na pewno dalej musi tak być?". Odpowiedź brzmi: „Nie" – wtedy człowiek, natchniony wizją nowego „ja", przezwycięża strach. Nie wolno myśleć: „Jak to się potoczy?", zamiast tego trzeba sobie zadać pytanie: „Jak należy to zrobić, żeby było dobrze?".

Jest wiele pięknych obrazków z przysłowiami i złotymi myślami, mówiących o tym, że nie należy się bać zrobienia pierwszego kroku: uwierzcie w siebie, przecież potraficie, jesteście wartościowymi osobami i tak dalej. Możecie takie afirmacje powiesić na przykład na lustrze w łazience albo na lodówce, żeby przypominały wam o waszym nowym obrazie siebie i o tym, że teraz wam się uda.

Gdy już zrobicie pierwszy krok, będzie to znak, że wzięliście się za siebie. Wtedy łatwiej będzie wam zdecydować się: „Teraz pora na kolejny". Stanie się to pozytywną spiralą – pierwszy krok okaże się najtrudniejszy.

Oczywiście zdarzają się dni, kiedy człowiek zaczyna w siebie wątpić, jest zmęczony i łatwo się zraża. Może akurat tego dnia nie zrobi się żadnego postępu, ale ważne jest, żeby mieć przed oczami swój cel i wrócić do niego najszybciej, jak to możliwe. Chodzi o to, żeby się nie poddawać przy pierwszym niepowodzeniu, lecz być trochę bardziej elastycznym w sposobie realizowania swoich zamierzeń. Jeśli pierwsza próba nie pójdzie za dobrze, zastanówcie się nad nowym, może lepszym rozwiązaniem.

Jeśli każdą porażkę potraktujecie jako cenne i ważne doświadczenie, wzrośnie wasza szansa na to, że następnym razem wam się uda, innymi słowy: niepowodzenia są dobre, ponieważ pozwalają nam się rozwijać. Wzbranianie się przed porażką wynika ze strachu. Pozwólcie, żeby zamiast tego zwyciężyła ciekawość. Niepewność jest częścią naszego życia, tą częścią, która sprawia, że życie jest tak ciekawe. Nie bójcie się rozwinąć skrzydeł, nie bójcie się odnieść sukces!

Zacznijcie już dziś!

To koniec książki, ale reszta waszego życia dopiero się zaczyna! Co zdecydujecie? Jak chcecie je przeżyć?

Wiecie już, co was wzmacnia i co spowalnia proces starzenia.
Teraz macie szansę zmienić swój styl życia. Dam wam jeszcze jedną dobrą radę: zacznijcie już dziś – albo najpóźniej jutro!

Powodzenia!

Wiedza naukowa i odwołania bibliograficzne

Zawarte w książce informacje faktograficzne opierają się na mojej wiedzy i doświadczeniu zdobytych w ciągu dwudziestu lat pracy z pacjentami jako lekarz podstawowej opieki zdrowotnej, a potem przez kolejnych dwadzieścia lat prowadzenia badań naukowych z zakresu medycyny ogólnej i ochrony zdrowia na uniwersytecie w Göteborgu.

Przywoływane fakty zaczerpnąłem z wielu artykułów i książek naukowych, uporządkowanych zestawień rezultatów badań, państwowych wytycznych oraz wypowiedzi uznanych i szanowanych naukowców i pisarzy.

Bibliografia

Ogólne odwołania bibliograficzne istotne dla kilku rozdziałów tej książki

Antonovsky A., *Hälsans mysterium*, Stockholm 2005, wyd. II.
Carper J., *Mirakelhjärnan*, Forum, Stockholm 2001, wyd. II.
Csíkszentmihályi M., *Finna flow, den vardagliga entusiasmens psykologi*, Stockholm 1999.
Ehdin Anandala S., *Nya självläkande människan*, Stockholm 2014, wyd. II.
Ennart H., *Åldrandets gåta, metoderna som förlänger ditt liv*, Stockholm 2013.
Marklund B., *Symtom, Råd, Åtgärd*, Lund 2008, wyd. II.
Roizen M., *Real Age*, Malmö 2000.
Roizen M., *Realage. Are You As Young As You Can Be?*, New York 2010.
Servan-Schreiber D., *Anticancer, ett nytt sätt att leva*, Natur och Kultur, Stockholm 2011.
World Health Organization, *The Ottawa Charter for Health Promotion*, WHO Regional Office for Europe, Copenhagen 1986.

Bardziej konkretne odwołania z podziałem na poszczególne rozdziały książki

Co decyduje o długości życia?

Khaw K. i in., *Combined Impact of Health Behaviors and Mortality in Men and Women: The EPIC-Norfolk prospective Population Study*, „PLoS Medicine" 2008, t. 5, e12.

Knoops K.T.B. i in., *Mediterranean Diet, Lifestyle Factors and 10-year Mortality in Elderly European Men and Women – The HALE Project*, „JAMA" 2004, t. 292, s. 1433–1439.

Lichtenstein P., Holm N.V., Verkasalo P.K. i in., *Environmental and Heritable Factors in The Causation of Cancer – Analyses of Cohorts of Twins from Sweden, Denmark, and Finland*, „New England Journal of Medicine" 2000, t. 343, s. 78–85.

Wilhelmsen L., Svärdsudd K., Eriksson H. i in., *Factors Associated with Reaching 90 Years of Age; A Study of Men Born in 1913 in Gothenburg, Sweden*, „Journal of Intern Medicine" 2011, t. 269, s. 441–451.

Ruch odmładza

Biswas A., Paul I., Faulkner G. i in., *Sedentary Time and Its Association with Risk for Disease Incidence, Mortality, and Hospitalization in Adults: A Systematic Review and*

Metaanalysis, „Annals of Intern Medicine" 2015, t. 62, s. 123–132.

Dunstan D.W., Barr E.L., Healy G.N. i in., *Television Viewing Time and Mortality: the Australian Diabetes, Obesity and Lifestyle Study*, „Circulation" 2010, t. 121, s. 384–391.

Fröberg A., Raustorp A., *Samband mellan stillasittande och ohälsa varierar med mätmetod*. „Läkartidningen" 2016, t. 113, DU33.

Henriksson J., Ekbom M., Tranquist J., *FYSS: Fysisk aktivitet i sjukdomsprevention och sjukdomsbehandling*, Stockholm 2003.

Jansson E., Hagströmer M., Anderssen S., *Fysisk aktivitet – nya vägar och val i rekommendationerna för vuxna*, „Läkartidningen" 2015, t. 112, DP7W.

Johansson S., Qvist J., *Motion förlänger livet*, „Välfärdsbulletinen" 1997, t. 2, s. 12.

Norling I., Sullivan M., Marklund B., *Fritid och hälsa*, Göteborg 1995.

Senchina D.S., *Effects of Regular Exercise on the Aging Immune System: A Review*, „Clinical Journal of Sport Medicine" 2009, t. 19, s. 439–440.

Smith T.C. i in., *Walking Decreased Risk of Cardiovascular Disease Mortality in Older Adults with Diabetes*, „Journal Clinical Epidemiology" 2007, t. 60, s. 309–317.

Sundberg C.J., Jansson E., *Fysisk aktivitet en viktig medicin*, „Läkartidningen" 2015, t. 112, DRT4.

Czas na regenerację

Arnetz B., Ekman R. (red.), *Stress. Gen Individ Samhälle*, Liber AB, Stockholm 2013, wyd. III.

Kivipelto M. i in., *A 2 Year Multidomain Intervention of Diet, Exercise, Cognitive Training, and Vaskular Risk Monitoring Versus Control to Prevent Cognitive Decline in At-Risk Elderly People (FINGER): A Randomised Controlled Trial*, „The Lancet" 2015, t. 385, s. 2255–2263.

Melander O., Melander M.O., Manjer J. i in., *Stable Peptide of the Endogenous Opioid Encephalin Precursor and Breast Cancer Risk*, „Journal of Clinical Oncology" 2015, t. 33, s. 2623–2638, online, DOI: 10.1200/JCO.2014.59.7682, dostęp 13 lipca.

Sen wzmacnia

Bellavia A., Åkerstedt T., Bottai M. i in., *Sleep Duration and Survival Percentiles Across Categories of Physical Activity*, „American Journal of Epidemiology" 2014, t. 179, s. 484–491.

Khamsi R., *Afternoon Naps May Boost Heart Health*, „Archives of Internal Medicine" 2007, t. 167, s. 296.

Kripke D., Garfinkel L., Deborah L. i in., *Mortality Associated with Sleep Duration and Insomnia FREE*, „Archives of General Psychiatry" 2002, t. 59, s. 131–136.

Åkerstedt T., *Livsstilen påverkar sömnen – på gott och ont*, „Läkartidningen" 2010, t. 107, s. 2072–2076.

Opalajcie się – ale z umiarem

Giovannucci E., wypowiedź na konferencji Amerykańskiego Związku Badań nad Nowotworami w Anaheim, Kalifornia 2005.

Giovannucci E., *Vitamin D Status and Cancer Incidence and Mortality*, „Advances in Experimental Medicine and Biology" 2008, t. 624, s. 31–42.

Lindqvist P.G., Epstein E., Nielsen K. i in., *Avoidance of Sun Exposure as a Risk Factor for Major Causes of Death: A Competing Risk Analysis of the Melanoma in Southern Sweden Cohort*, „Journal of Internal Medicine" 2016, DOI:10.1111/joim.12496.

Tuohimaa P., Pukkala E., Scélo G. i in., *Does Solar Exposure, as Indicated by the Non-Melanoma Skin Cancers, Protect from Solid Cancers: Vitamin D as a Possible Explanation*, „European Journal of Cancer" 2007, t. 43, s. 1701–1712.

Odżywiajcie się zdrowo

Bengmark S., *Vår tids kost bakom inflammation och sjukdomsutveckling*, „Läkartidningen" 2007, t. 104, s. 3873–3877.

Bengmark S., *Den bioekologiska medicinen har kommit för att stanna. Om flora, synbiotika, immunitet och resistens mot sjukdom*, „Läkartidningen" 2005, t. 102, s. 2–6.

Cederholm T., Hellénius M.–L., *Matens betydelse för åldrande och livslängd*, „Läkartidningen" 2016, t. 113: DYMA.

Cederholm T., Rothenberg E., *Krypskytte mot vetenskapen äventyrar folkhälsoarbetet*, „Läkartidningen" 2016, t. 113, s. 784–785.

Knoops K.T., de Groot L.C. Kromhout D i in., *Mediterranean Diet, Lifestyle Factors, and 10-year Mortality in Elderly European Men and Women: the HALE Project*, „JAMA" 2004, t. 292, s. 1433–1439.

Kwok C.S., Boekholdt M., Lentjes M. i in., *Habitual Chocolate Consumption and Risk of Cardiovascular Disease among Healthy Men and Women*, „Heart", online, dostęp 15 czerwca 2015, DOI: 10.1136/ heartjnl-2014-307050.

Lindstedt I., Nilsson P., *Flavanoler, kakao och choklad påverkar hjärt-kärlsystemet*, „Läkartidningen" 2011, t. 108, s. 324–325.

Liu S. i in., *Whole-Grain Consumption and Risk of Coronary Heart Disease: Results from the Nurse' Health Study*, „American Journal of Clinical Nutrition" 1999, t. 70, s. 412–419.

Livsmedelsverket, *Kostråd och matvanor*, 2015 (Swedish National Food Agency, *Eating Habits and Dietary Guidelines*, 2015).

Nilsson P.M., *Medelhavskosten skyddar hjärtat*, „Läkartidningen" 2009, t. 106, s. 1959.

Nordycka Rada Ministrów, *Nordic Nutrition Recommendations 2012. Integrating Nutrition and Physical Activity*, Köpenhamn 2014, Nord 2014, wyd. V.

Paulun F., *Blodsockerblues – en bok om glykemiskt index*, Fitnessförlaget: Sundbyberg 2003.

Rydén L., Andersen K., Gyberg V. i in., *Betala för sjukdom eller investera i hälsa?*, „Läkartidningen" 2012, t. 109, s. 1535–1539.

Simopoulos A., *Importance of the Omega-6/Omega-3 Balance in Health and Disease: Evolutionary Aspects of Diet. Healthy Agriculture, Healthy Nutrition, Healthy People*, „World Review of Nutrition Diet", Karger, Basel 2011, t. 102, s. 10–21.

Stender S., Astrup A., Dyerberg J., *Ruminant and Industrially Produced Trans Fatty Acids: Health Aspects*, „Food & Nutrition Research" 2008, t. 52.

Stender S., Astrup A., Dyerberg J., *Tracing Artificial Trans Fat in Popular Foods in Europe: A Market Basket Investigation*, „BMJ Open" 2014, t. 4.

Wolk A., Bergström R., Hunder H. i in., *A Prospective Study of Association of Monosaturated Fat and Other Types of Fat with Risk of Breast Cancer FREE*, „Archives of Intern Medicine" 1998, t. 158, s. 41–45.

World Cancer Research Fund International, *Continuous Update Project*, wrzesień 2015.

Wybierajcie odpowiednie napoje

Bhupathiraju S.N., Manson J.E., Willett W.C i in., *Changes in Coffee Intake and Subsequent Risk of Type 2 Diabetes: Three Large Cohorts of US Men and Women*, „Diabetologia" 2014, t. 57, s. 1346–1354.

Eskelinen H.H., Ngandu T., Tuomilehto J. i in., *Midlife Coffee and Tea Drinking and the Risk of Late-Life Dementia: A Population-Based CAIDE Study*, „Journal of Alzheimer's Disease" 2009, t. 16, s. 85–91.

Fagrell B., Hultcrantz R., *Alkohol inte enbart av ondo – måttligt intag minskar risk för folksjukdomar*, „Läkartidningen" 2012, t. 109, s. 1884–1888.

Fredholm B., *Kaffe minskar risk för Parkinsons sjukdom*, „Läkartidningen" 2004, t. 101, s. 2552–2556.

Guercio B.J., Sato K., Niedzwiecki D. i in., *Coffe Intake, Recurrence, and Mortality in Stage III Colon Cancer*, „Journal of Clinical Oncology" 2015, t. 31, s. 3598–3607, online, dostęp 17 sierpnia 2015, DOI: 10.1200/JCO.2015.61.5062.

Hansen A., *Kaffe minskar risken för stroke*, referat, „Läkartidningen" 2009, t. 13.

Rosendahl A., Perks C., Zeng L. i in., *Caffeine and Caffeic Acid Inhibit Growth and Modify Estrogen Receptor and Insulin-Like Growth Factor I Receptor Levels in Human Breast Cancer*, „Clinical Cancer Research" 2015,

t. 21, s. 1877–1887, online, dostęp: luty 2015, DOI: 10.1158/1078-0432.CCR-14-1748.

Utrzymywanie wagi pod kontrolą

Bengmark B., *Obesity, the Deadly Quartet and the Contribution of the Neglected Daily Organ Rest – a New Dimension on Un-Health and its Prevention*, „HepatoBiliary Surgery and Nutrition" 2015, t. 4, s. 278–288.

Läkemedelsverket, „Övervikt och fetma", *Läkemedelsboken*, 2014, s. 201–208.

Od zdrowej jamy ustnej do zdrowia ogólnego

Chida Y., Phil S.A., *Positive Psychological Well-Being and Mortality: A Quantitative Review of Prospective Observational Studies*, „Psychosomatic Medicine" 2008, t. 70, s. 741–756.

Hugosson A. i in., *Oral Health of Individuals Aged 3–80 Years in Jönköping, Sweden During 30 Years*, „Seed Dent Journal" 2005, t. 29, s. 139–155.

World Cancer Research Fund International, *Continuous Update Project*, wrzesień 2015.

Bądźcie optymistami

Fexeus H., *Konsten att få superkrafter*, Stockholm 2012, s. 396–398.
Hernandez R., Kershaw K., Siddique J. i in., *Optimism and Cardiovascular Health: Multi-Ethnic Study of Atherosclerosis (MESA)*, „Health Behavior & Policy Review" 2015, t. 2, s. 62–73.
Sebö S., *Bruksanvisning för ett bättre liv*, Uppsala 2000, wyd. 2.2.

Potrzebujemy siebie nawzajem

Cole S., Capitanio J., Chun K. i in., *Myeloid Differential Architecture of Leukocyte Transcriptome Dynamics in Perceived Social Isolation. Proceedings of the National Academy of Sciences*, „Proceedings of the National Academy of Sciences of the United States of America", 2015, t. 112, s. 15142–15147, online, dostęp listopad 2015, DOI: 10.1073/pnas.1514249112.
Lindmark A., Glader E.L., Asplund K. i in., *Riks-Stroke Collaboration, Socioeconomic Disparities in Stroke Case Fatality – Observations from Riks-Stroke, the Swedish Stroke Register*, „International Journal of Stroke" 2014, t. 9, s. 429–436.
Valtora N.K. i in., *Loneliness and Social Isolation as Risk Factors for Coronary Heart Disease and Stroke: Systemic Review*

and Meta-Analysis of Longitudinal Observational Studies,
„Heart" 2016, t. 102, s. 1009–1016, online, dostęp
19 marca 2016, DOI: 10.1136/heartjnl-2015-308790.

Wilson R.S. i in., *Loneliness and Risk of Alzheimer Disease*,
„Archives of General Psychiatry" 2007, t. 64, s. 234–240.

Podziękowania

Bezcenne rady dotyczące tej książki otrzymałem od: Johana Appela, Tini Arvidsdotter, Haralda Arvidssona, Jenny Bernson, Marii Fredriksson, Svena Kyléna, Evy Larsson, Johana Malmquista, Åsy Marklund, Håkana Patriksona oraz od rodziny Karin, Martina i Oli Marklundów.

Dziękuję także swojej córce Karin Marklund i dziennikarce Ninie Olsson za cudowną korektę wszystkich tekstów. Za profesjonalne przejrzenie z naukową precyzją całego tekstu i moich planów dziękuję swojej siostrze, doktor Britt-Inger Henrikson.

Last but not least, chciałbym podziękować Simonowi Brouwersowi z wydawnictwa Volante i Christine

Edhäll z Ahlander Agency za ich wsparcie i świetną pracę nad tą książką.

Bardzo wam wszystkim z całego serca dziękuję!

Bertil Marklund Vänersborg,
czerwiec 2016 roku

Spis ilustracji

s. 12 – AnnaElizabethPhotography / iStock by Getty Images
s. 30 – alexalenin / iStock by Getty Images
s. 39 – kasto80 / iStock by Getty Images
s. 48, 57, 60–61, 66, 78, 84, 97, 134, 162, 174, 180, 184 – fot. Magdalena Wolna
s. 51, 105, 115 – z archiwum wydawnictwa Marginesy
s. 72 – ijeab / iStock by Getty Images
s. 88, 188 – AleksandarNakic / iStock by Getty Images
s. 92 – gbrundin / iStock by Getty Images
s. 98, 125 – OksanaKiian / iStock by Getty Images
s. 122 – Rimma_Bondarenko / iStock by Getty Images
s. 130 – stevanovicigor / iStock by Getty Images
s. 133 – Angelafoto / iStock by Getty Images
s. 138 – anshu18 / iStock by Getty Images
s. 140 – shironosov / iStock by Getty Images
s. 148 – AnnekeDeBlok / iStock by Getty Images
s. 159 – PointImages / iStock by Getty Images
s. 166 – Creatas Images / Thinkstock by Getty Images
s. 192 – Alexandra Iakovleva / iStock by Getty Images
s. 199 – oatawa / iStock by Getty Images

Spis treści

Wstęp	5
Co decyduje o długości życia?	15
Ruch odmładza	31
Czas na regenerację	49
Sen wzmacnia	67
Opalajcie się – ale z umiarem	79
Odżywiajcie się zdrowo	93
Wybierajcie odpowiednie napoje	131
Utrzymywanie wagi pod kontrolą	149
Od zdrowej jamy ustnej do zdrowia ogólnego	167
Bądźcie optymistami	175
Potrzebujemy siebie nawzajem	189
Zacznijcie już dziś!	205
Wiedza naukowa i odwołania bibliograficzne	207
Podziękowania	219
Spis ilustracji	221

TYTUŁ ORYGINAŁU *10 tips: Må bättre och lev 10 år längre*
PRZEKŁAD Agata Teperek

WYDAWCA Katarzyna Rudzka
REDAKTOR PROWADZĄCY Adam Pluszka
REDAKCJA Magdalena Tytuła
KOREKTA Agnieszka Radtke, Jan Jaroszuk
PROJEKT OKŁADKI © Bekki Guyatt – LBBG
ADAPTACJA PROJEKTU OKŁADKI, OPRACOWANIE GRAFICZNE
I TYPOGRAFICZNE Anna Pol
ŁAMANIE manufaktura | manufaktu-ar.com

ILUSTRACJA NA OKŁADCE © Debbie Powell

ISBN 978-83-65780-26-3

WYDAWNICTWO MARGINESY SP. Z O.O.
UL. FORTECZNA 1A, 01-540 WARSZAWA
TEL. 48 22 839 91 27
redakcja@marginesy.com.pl
www.marginesy.com.pl

WARSZAWA 2017
WYDANIE PIERWSZE

ZŁOŻONO KROJAMI PISMA Scala ORAZ Bauer Bodoni

KSIĄŻKĘ WYDRUKOWANO NA PAPIERZE Munken Print White 18 80g/m^2
Munken

DRUK I OPRAWA OPOLGRAF S.A. www.opolgraf.com.pl